Ángel de Saavedra. Duque de Rivas

Solaces de un prisionero o tres noches en Madrid

Barcelona **2024**
Linkgua-ediciones.com

Créditos

Título original: Solaces de un prisionero o tres noches en Madrid.

© 2024, Red ediciones S.L.

e-mail: info@linkgua.com

Diseño de cubierta: Michel Mallard.

ISBN rústica: 978-84-9816-064-2.
ISBN ebook: 978-84-9897-535-2,

Cualquier forma de reproducción, distribución, comunicación pública o transformación de esta obra solo puede ser realizada con la autorización de sus titulares, salvo excepción prevista por la ley. Diríjase a CEDRO (Centro Español de Derechos Reprográficos, www.cedro.org) si necesita fotocopiar, escanear o hacer copias digitales de algún fragmento de esta obra.

Sumario

Créditos _____ **4**

Brevísima presentación _____ **7**
   La vida _____ 7

Personajes _____ **8**

Jornada primera _____ **9**
   Escena I _____ 9
   Escena II _____ 16
   Escena III _____ 27
   Escena IV _____ 34

Jornada segunda _____ **45**
   Escena I _____ 45
   Escena II _____ 60
   Escena III _____ 84

Jornada tercera _____ **103**
   Escena I _____ 103
   Escena II _____ 111
   Escena III _____ 118

Libros a la carta _____ **157**

Brevísima presentación

La vida

Duque de Rivas, Ángel Saavedra (Córdoba, 1791-Madrid, 1865). España.
Luchó contra los franceses en la guerra de independencia y más tarde contra el absolutismo de Fernando VII, por lo que tuvo que exiliarse a Malta en 1823. Durante su exilio leyó obras de William Shakespeare, Walter Scott y Lord Byron y se adscribió a la corriente romántica con los poemas El desterrado y El sueño del proscrito (1824), y El faro de Malta (1828).
Regresó a España tras la muerte de Fernando VII heredando títulos y fortuna. Fue, además, embajador en Nápoles y Francia.

Personajes

Anacleta, dueña
Don Hernando de Alarcón, viejo
Doña Elvira, dama
Doña Leonor, dama
El Comendador, viejo
El Conde, barba
El Emperador Carlos V, galán
El Rey Francisco de Francia, galán
Leonarda, criada
Pierres, gracioso
Ronda, con linterna
Tomate, lacayo
Tres alguaciles
Un alcalde de corte

La acción pasa en Madrid, en el año 1525

Jornada primera

Escena I

La escena representa una calle de Madrid. de noche, y salen embozados el Rey y Pierres.

Pierres	La escena está tan oscura
que ni los dedos se ven,
y si has de reñir también,
no pegarme a mí procura,
como anoche aconteció,
pues cuando a palos andabas
y a los músicos cascabas
un trancazo me alcanzó.
Rey	No habrá esta noche quimera,
que no siempre hemos de hallar
músicos que apalear.
Pierres	El Cielo santo lo quiera,
y darte juicio, señor.
Rey	Y ¿en qué me falta juicio?
Pierres	En buscarte un precipicio
tras estos lances de amor.
De que prisionero estás
y de que a hurtadillas sales,
donde es fácil que resbales,
olvidando siempre vas;
y emprendes a cuchillada,
sin temer ser descubierto,
que va a ser el fin por cierto,

| | señor, de estas escapadas.
Y yo el que pague el escote,
por ir siempre junto a ti. |

| Rey | ¿Qué pueden hacerte, di? |

| Pierres | Nada; apretarme el gañote.
Si el perrazo que nos cela
oliese algo.... ¡San Antonio!,
con él, el mismo demonio
fuera un niño de la escuela. |

| Rey | Advierto por cuanto dices
que el alcalde es tu manía. |

| Pierres | Lo traigo de noche y día
a caballo en las narices.
¿Y es viejo con quien se puede
andar en burlas, señor? |

| Rey | No, a fe; que a nadie en valor
y en noble entereza cede. |

| Pierres | Pues verás... |

| Rey | ¿Qué, majadero,
si está én su cama roncando,
muy ajeno de que ando
haciendo damas terrero? |

| Pierres | Si armas tanta batahola
metiéndote a espadachín,
ha de descubrir al fin
que le hacemos la mamola. |

	Mas si ésta es la casa, ¿qué esperas?
Rey	A que el reló dé las once.
Pierres	Ya las dio.
Rey	Mas la seña aún no se ve.
Pierres	¡Pese a la dueña ladina, y lo que esta noche tarda! Pues yo con un canto...

(Busca una piedra por el suelo.)

Rey	Aguarda, que hacia aquí una luz camina.
Pierres (Asustado.)	¿Una luz?... Sí. ¡Valga al diablo!... Y mucha gente... ¡Ay de mí, que ya tenemos aquí al alcalde!... Guarda, Pablo. Retirémonos, si no...
Rey	Sabe, para tu gobierno, que, aunque viniese el infierno, no he de retirarme yo.
Pierres	¡Adiós!... Pendencia tenemos.
Rey	De mi acero a un solo amago la luz importuna apago, y luego después veremos.

Pierres	Después que apagues la luz, ¿qué, señor, hemos de ver?
Rey	Toda esa gente correr.
Pierres	¿Son demonios, y tú, cruz?
Rey (Saca la espada y vuelve a embozarse.)	Si de estorbo has de servir, sepárate pronto a un lado.
Pierres	¿Que estorbo soy has dudado si se trata de reñir?

(Se separa. Salen el Alcalde, los tres Alguaciles y otros que forman la ronda con una linterna encendida.)

Alcaide	¿Quién va a la ronda?... ¿Quién va? ¿Quién va a la ronda?
Rey	Ni voy, ni vengo, que quieto estoy.
Alcaide	Y ¿qué es lo que haciendo está?
Rey	Tomando el fresco.
Alcaide	Acercadle. la luz y reconocedle; y si armas lleva, prendedle y a un calabozo llevadle.

Rey (Aparte.) Con la Justicia este enredo
  me pesa, que el ampararla
  es mi oficio; mas dejarla
  reconocerme no puedo.
  ¡Gran compromiso!...
(Alto.) Mirad...

Alcaide Nada hay que ver. Al momento
  mi superior mandamiento
  con ese hombre ejecutad.

Rey (Aparte.) ¡Grave apuro!...

(Se desemboza, da de cuchilladas a todos y se apaga la luz.)

(Alto.) Pues yo así
  me dejo reconocer,
  que ni al infierno poder
  le concedo sobre mí.

(Vase.)

Alguacil I Es un demonio.

Alguacil II (Cayendo atropellado.)
  ¡Ay!

Pierres (Aparte.) Con él
  me escurro, pues paso abrió.

(Vase, y lo sigue el Alguacil tercero.)

Alcaide Favor al rey.

Alguacil I   Escapó.

Alguacil II   Pues que lo siga Luzbel.

(Sacan luces a algunos balcones, se abre una puerta del fondo y sale el Comendador, con espada y broquel, sin sombrero y como de casa.)

Alcaide (Reforzando la voz.)
                      ¡Ánimo! Favor al rey.

Comendador   A dárselo vengo yo,
                      que del que noble nació
                      el dárselo, y pronto, es ley.
                      ¿Qué desorden ha ocurrido?

Alcaide   Un hombre, que con malicia
                      se resistió a la Justicia
                      y que con ella ha reñido.
                      A la espada mano echó,
                      la luz matando, y, valiente,
                      acuchillando a esta gente,
                      sin saber cómo, se huyó.

Comendador   Detrás de él, señor alcalde,
                      vamos.

Alguacil III (Que vuelve cansado, después de haber perseguido a Pierres y al Rey.)
                      Imposible es.
                      Yo, que tengo buenos pies,
                      le he seguido, pero en balde.
                      La oscuridad le ha salvado;
                      tomó por la callejuela,
                      y no corre, sino vuela,

	y juzgo va acompañado.
Comendador	Un raterillo será.
Alguacil 1	Debe ser gran malhechor.
Alcaide	El es hombre de valor; mas quién es, Dios lo sabrá.
Comendador	Señor, el desaire siento en que la Justicia queda; si algo juzgáis que yo pueda por ella hacer, al momento cumpliré vuestros mandatos, que a un hidalgo militar le toca siempre vengar semejantes desacatos.
Alcaide	Habláis como bien nacido: que a la Justicia del rey acatar, suprema ley de los nobles siempre ha sido. Mas gracias tan solo os doy, pues no necesito nada. Esto es ya cosa acabada.
Comendador	A todo dispuesto estoy; y si descansar gustáis, ésta es mi casa: os la ofrezco.
Alcaide	Con el alma lo agradezco; como quien sois os portáis. Es precisa obligación seguir la ronda.

(A la gente.) Encended
esa linterna y tened
más pies o más corazón.

(Vuelve uno con la linterna encendida.)

¡Dios os guarde, caballero!
Mil gracias y descansad.

(Vase con toda la ronda.)

Comendador   Con cuanto valgo contad;
con mi casa y con mi acero.

(Vase.)

Escena II

Sala de una casa particular, con mesa y sillas, una puerta en el fondo, y salen Doña Leonor y Doña Elvira; muy sobresaltadas, Anacleta y Leonarda, cada una con un candelero en la mano y las velas encendidas.

Doña Leonor   El era, sin duda, Elvira,
y acaso ya preso va.

Doña Elvira   El era, según la hora,
y como no pudo entrar...

Doña Leonor   La tardanza de Anacleta...

Anacleta   Señora, sin seso estás.
No ha sido tardanza mía,
ha sido que la señal
no pude hacer, porque estaba

                        el amo sin acostar.

Leonarda
(Observando.)   La calle se ha sosegado;
                        no suena una mosca ya,
                        y el señor por la escalera
                        sube y se nos viene acá.

Doña Elvira   Disimula, prima mía;
                        no dejes ver tu ansiedad,
                        pues que vuelve nuestro tío
                        y pudiera sospechar.

(Sale el Comendador. Anacleta y Leonarda ponen las luces sobre la mesa.)

Doña Leonor
(Con ansiedad.)   ¿Qué ha sido, señor, el lance?

Comendador   Nada ha sido en realidad,
                        y mucho. Nada, porque
                        el hombre sin hacer mal
                        parado estaba en la calle,
                        y mucho, porque insultar
                        osó a la Justicia. Nada,
                        porque el hombre se fue en paz;
                        mucho, porque ha apaleado
                        a alguaciles y demás.
                        Pero sosegado todo
                        y tranquilo queda ya.
                        Sigue el alcalde su ronda,
                        y el hombre, que es bravo asaz,
                        va descansando en su casa,
                        si es que la tiene, estará.

Doña Leonor	¿Conque se salvó?
Comendador	Salvóse.
Doña Leonor	¿Y ha habido sangre?
Comendador	No tal

    trancazos y más trancazos,
y voces, y nada más.
Estas rondas de alguaciles
son siempre cosa fatal.
Sin motivo empeñan lances
por si algo hay que pescar;
y en hallando resistencia
al punto se hacen atrás,
quedándose la Justicia
desairada, que es gran mal.
Los soldados solamente
son los que saben rondar,
pues como nunca escribanos
con ellos a ronda van,
ni esperan recoger multas,
no incomodan al que está
sin hacer daño, y en viendo
motivo, saben pegar.
Ya es de recogernos hora.
Leonarda, baja al zaguán
y echa la llave a la puerta.
Sobrinas, con Dios quedad.

(Vase por la puerta del fondo, y vase Leonarda.)

Anacleta	Si hace dos horas se hubiera
	su merced ido a acostar,

	de toda esta zalagarda
	nos ahorráramos el mal.
Doña Leonor	Pues que se marchó mi tío,
	otra vez mira si está
	la calle sola, que acaso
	aun puede volver don Juan.
Doña Elvira	Dudo que vuelva esta noche.
Anacleta (Figurando que se asoma a un balcón.)	Es tanta la oscuridad que nada se ve, señora.
Doña Leonor	No importa; pon la señal,
	y está, como siempre, alerta.
Anacleta	Pondré el pañuelo; mas ya,
	aunque vuelva, muy difícil
	ha de ser que pueda entrar.
Doña Leonor	Si torna, y entrar no puede,
	por la reja del portal
	o por el jardín, si es pronto,
	hablar conmigo podrá.
Doña Elvira	¿No fuera, prima, mejor...?
Doña Leonor	Tú lo que temiendo estás
	es que el reloj dé la una,
	porque el mío y tu galán
	no se encuentren en la calle
	y la enrede Barrabás.

| | Pero son las once y media,
| | y yo, cuidosa, además,
| | sabré evitar un encuentro.

Doña Elvira   Sé que bien medido va
               el tiempo, y que incomodarnos
               es imposible jamás;
               pero como por las verjas
               del jardín dices...

Doña Leonor   Es tal
               mi turbación, que le dije,
               prima mía, sin pensar.
               El jardín es tu terreno,
               y en quietud lo gozarás.
               Pues sabes, amada Elvira,
               que sangre y cariño en tan
               estrecho lazo nos unen,
               que un alma somos no más.
               Anacleta, atenta escucha,
               y si notas...

Anacleta   Descuidad.

(Vase.)

Doña Leonor
(Se sienta.)   Supuesto que ya la dueña,
               por mí alerta, en su balcón
               espera con atención
               si acaso advierte la seña
               que anhela mi corazón,
               y supuesto que Leonarda,
               dentro de tu camarín,

                           el trinar del bandolín
                           cuidosa, cual siempre, aguarda
                           para llamarte al jardín,
                           ambas, si no te importuna,
                           aquí podremos charlar,
                           puesto que me iré a acostar
                           en cuanto suene la una;
                           que no te he de incomodar.
                           Pero entre tanto que da,
                           como es, prima, el tiempo mío,
                           no te incomodo, y confío
                           que en tu amistad hallará
                           consuelo mi desvarío.
                           Pues estoy, te lo confieso,
                           tan enamorada y tan
                           prendada de mi don Juan,
                           que tengo perdido el seso.
                           ¿No es discreto?... ¿No es galán?

Doña Elvira
(Apoyándose
en el respaldo
de la silla
de Doña Leonor.)   No sé qué decir, Leonor,
                    recordando la altiveza
                    con que ornabas tu belleza,
                    al verte hoy con tanto amor
                    trastornada la cabeza.

Doña Leonor   Si lo consideras bien,
                   de ese tu asombro saldrás.
                   Advierte qué errada estás;
                   porque dime, prima: ¿quién
                   dio al amor reglas jamás?

Fue altivo mi pensamiento,
mientras ninguna afición
penetró en mi corazón;
logrólo una, y al momento
se mudó mi condición.
Que por haber sido esquiva
un año, ni dos, ni tres,
preciso, prima, no es
que lo sea mientras viva,
libre de todo interés.
Que el ser duro un corazón
no es culpa suya en verdad:
culpa es de la habilidad
de quien fuera de sazón
pretende su voluntad.
Y la altivez de mujer,
por mucha que quiera ser,
dura hasta que de su pecho
el camino más derecho
llega un venturoso a ver.

Doña Elvira   Mas ¿cómo en tan pocos días,
perdiendo tu altiva calma,
a punto que desvarías,
pudiste rendir el alma
al amor que aborrecías?

Doña Leonor   ¡Ay Elvira! Del amor
no acontece la ruina
con el paso a que camina
lento el tiempo destructor:
es la explosión de una mina.
Y se dice dar flechazo,
herir con amor, porque

	ni se aguarda ni se ve;
	llega de golpe y porrazo
	y sin saber cómo fue.
	Y llama, prima, en rigor,
	que con encenderse tarda,
	y obsequio y ruegos aguarda;
	si acaso es llama de amor,
	es una llama bastarda.
	Que amor no quiere razón
	para serlo; nace y crece
	sin motivo ni ocasión,
	y al mismo paso perece.
	¿Quién comprende el corazón?
Doña Elvira	Al cabo, un aventurero,
	galán sí, pero extranjero,
	que quién es no hemos sabido,
	el afortunado ha sido,
	que rinde tu pecho fiero.
Doña Leonor	No sé yo que para amar.
	pues que no está en nuestra mano,
	sea preciso examinar
	si el galán es castellano,
	extranjero o de ultramar.
	Y don Juan, por ser francés,
	no pierde nada, a fe mía,
	pues de su noble hidalguía
	prueba harto patente es
	su discreta bizarría.
	Ni es, prima, un aventurero:
	es un noble caballero,
	que de caballero a ley
	viene a servir a su rey,

	que está en Madrid prisionero.
Doña Elvira	Siempre anda en la noche oscura... Siempre ocultarse procura...
Doña Leonor	Al objeto con que viene a España, tener conviene gran recato y gran cordura.

(Con cariñosa malicia.)

>Mas ahora voy contra ti,
>pícara, que así me arguyes,
>pues aunque mis ojos huyes,
>no me la pegas a mí.
>Pero no estás, ya se ve,
>como estoy yo enamorada,
>y puedes, disimulada,
>caminar con cauto pie.

Doña Elvira (Sonriendo.)	Lo estoy, prima.
Doña Leonor	No lo estás; lisonjeada, sí.
Doña Elvira	Leonor...
Doña Leonor	Con más orgullo que amor tras de un alto empeño vas.
Doña Elvira (Fingiendo ingenuidad.)	Pues ¿don Félix Coronel...?

Doña Leonor	Don... ¿qué? Tu labio parece
que a ese nombre se entorpece
y que no atina con él.
¡Don Félix! Quién es tu cuyo,
hasta con él aparentas
ignorarlo, y así aumentas,
más que tu delirio, el suyo.
Doña Elvira
(Turbada.)	¿Yo, prima?
Doña Leonor	Aunque eres discreta,
colorada te me has puesto,
y es seguro indicio esto
de que te acerté la treta.
En fin: en vano procuras
que yo quede convencida,
porque entre sastres, querida,
no se pagan las hechuras.
Que era extranjero don Juan
me dijiste, y considero
que también es extranjero
tu don..., en fin, tu galán.
Y también, por vida mía,
se oculta, y hace muy bien.
Doña Elvira	De tu malicia detén
el vuelo, que se extravía.
Doña Leonor	No se extravía, por cierto,
ni se sale del camino
y ese afán que de contino
en ti, amada Elvira, advierto

	de que no se hallen los dos en la calle, es muy prudente; y no es tuyo solamente, que es también mío, ¡por Dios! Tengo en ello gran cuidado, con inquietud lo vigilo, porque diz que siempre el hilo quiebra por lo más delgado. Ya, querida prima, ves que, aunque eres tan reservada, nada se me oculta, nada.
Doña Elvira	Penetración grande es la tuya, te lo confieso; mas sospechas hay no más de lo que afirmando estás.
Doña Leonor	Sospechas de mucho peso.
(Entra Anacleta.)	
Anacleta (A Doña Leonor.)	Ya es muy tarde, señorita, y sin fruto el esperar; podéis muy bien renunciar por hoy a tener visita.
Doña Leonor	¿No has visto nada en la calle?
Anacleta	Varios hombres que cruzaron, pero que no se pararon.
Doña Leonor	¿No conociste en el talle...?

Anacleta	Los bultos tan solo vi, que la noche es muy oscura.
Doña Leonor	Aun más lo es mi desventura; todo me sucede así.

(Entra Leonarda.)

Leonarda (A Doña Elvira.)	Pronto, bajad al jardín, que aunque no ha dado la hora, el galán que os enamora ha tocado el bandolín.
Doña Leonor	Eres Elvira, dichosa y debes serlo, en rigor.
Doña Leonor	Otra noche, mi Leonor, serás tú la venturosa.

(Vanse.)

Escena III

Jardín con parte de verja a un lado, y en ella una puerta practicable, por la que salen embozados el Emperador y Tomate, éste con un bandolín en la mano, y queda a la parte de fuera el Conde.

Emperador (A la puerta.)	Esos galanes me dan cuidado, conde, por Dios; pues dos noches van ya, dos, que en estas calles están.

Conde

    Si me hubierais permitido
    reconocerlos, acaso...

Emperador

    Hubiera sido mal paso
    un lance comprometido.

Conde

    ¿Si queréis que hasta la aurora
    yo atento la calle ronde...?

Emperador

    No es ya necesario, conde;
    id a descansar ahora.
    Un breve instante esperad,
    y al momento os podéis ir.

Conde

    Mi obligación es servir
    siempre a vuestra majestad.

(Vase.)

Emperador

    Fuerza es dejar la relevante esfera
    de la alta majestad, del sumo mando,
    para poder gozar de cuando en cuando
    los bienes de la vida placentera.
    El blando amor y la amistad sincera
    huyen del trono y del poder temblando;
    aunque en el trono y el poder, ansiando
    dulce amor y amistad, un hombre muera.
    De la vida, común, yo, así encubierto
    mi nombre y mi dominio sin segundo,
    vengo a buscar el sosegado puerto.
    ¿Pues que, sin amistad y amor, el mundo
    es para el hombre? Un árido desierto,
    un ciego abismo, un piélago profundo.

(Se pasea.)

Tomate   Señor, doña Elvira llega.

Emperador   Más bien dijeras el Sol,
con cuyo hermoso arrebol
en luz mi pecho se anega.

(Sale Doña Elvira.)

Doña Elvira   Don Félix...

Emperador   　　　　　Mi señora,
hoy madruga la aurora
y más temprano para mí amanece;
tal vuestra faz hermosa resplandece
a mis amantes ojos,
que estas sombras son ya celajes rojos,
y vuestra luz divina
me abrasa el alma, el pecho me ilumina.

Doña Elvira   Siempre galán y siempre lisonjero.

Emperador   Siempre rendido amante,
que os ofrece anhelante
un alma ardiente, un corazón sincero;
un alma, un corazón..., ¡ah! (permitidlo
a mi labio y oídlo),
a quienes turba y viste
hoy una sombra oscura,
que aun a vuestra presencia se resiste,
cubriéndolos de luto y de amargura.

Doña Elvira   ¿Y qué sombra, don Félix? No os comprendo.

Emperador	Ni tampoco me entiendo,
	señora, yo a mí mismo,
	porque un pecho celoso es un abismo.
Doña Elvira	Vos os burláis, sin duda.
	¿De una dama cual yo...? Me dejáis muda.
(Aparte.)	¡Qué bien, cielos! Temía
	que al cabo con don Juan se encontraría.
(Alto.)	Explicaos luego, luego.
Emperador	¡Ah! Que no os enojéis, señora, os ruego.
	Ved las ansias mortales con que lucho;
	escuchadme y callad.
Doña Elvira	Callo y escucho.
(Hablan aparte.)	
Tomate (A Leonarda.)	Pues qué, ¿sin luz se viene la maldita?
	Que aunque se despepita
	mi corazón por ella y mi deseo,
	el demonio me lleve si la veo,
	y será conveniente
	que el tacto me asegure...
(Va a abrazarla.)	
Leonarda	Arre, insolente.
	¿No basta el rosicler de mi belleza
	para que se ilumine su cabeza?
Tomate	Por más que te encandilas,
	nada, nada descubren mis pupilas.

Leonarda	Da un puñetazo en ellas, y verán las más mínimas estrellas.
Tomate	¡Oh crueldad de estropajo!
Leonarda	¡Terneza lacayuna! ¿Qué hay, bergante?
Tomate	Mi corazón flotante partido está por ti de arriba abajo, y hoy lo destroza, ¡cielos!, la tenaza encendida de los celos.
Leonarda	¿Un pícaro también...?
Tomate	También, bribona; porque de una fregona tener bien puede celos un lacayo, y aun regalarte un sayo de felpa bien cumplida.
Leonarda	Pues mire por su vida que fuera, seor Tomate, meterse en tales gastos disparate.

(Siguen hablando aparte.)

Doña Elvira	Aun cuando fueran tales esos que habéis hallado, y que más razón fuera haber juzgado encuentros a estas horas casuales, ¿por qué han de ser, don Félix, cosa mía? Quien así lo imagine desvaría. En esta misma calle

	hay muchas damas de gallardo talle,
	a las que harán terrero
	uno y otro amoroso caballero.
Emperador	¿Puede haber, por ventura,
	quien ajeno de gusto y de cordura
	ronde ansioso esta calle
	por otros ojos y por otro talle,
	que por esos divinos, donde el fuego
	roba para sus flechas amor ciego;
	y que por ese talle, que parece
	el vástago gentil de una azucena,
	que del aura serena
	al blando soplo en el jardín se mece?
	¡Ay! Que esas damas bellas,
	comparadas con vos, señora mía,
	serán lo que ante el Sol son las estrellas,
	lo que una clara noche con el día.
	Y aunque ronden por ellas
	esos dos embozados,
	se aumentan mis cuidados,
	porque pueden muy bien llegar a veros;
	y si advierten que andaban engañados,
	pues donde alumbra el Sol no arden luceros.
	en holocausto ofrecerán rendidos
	a vuestros pies las almas y sentidos.
	Y tengo. tanto os amo, Elvira, celos,
	bien lo saben los Cielos,
	hasta de que haber pueda en mis amores
	envidiosos, no ya competidores.
Doña Elvira	Señor, no vuestro labio
	haga a la fe de mi cariño agravio.
	Y si me amáis, cual me decís, seguro

	de que es mi pecho diamantino muro,
	no ofendáis más ingrato,
	mi nobleza, mi amor y mi recato.
	Mas vamos donde luz haya y asientos,
	pues que vuestros gallardos pensamientos
	aseguran mi nombre y mi decoro.
Emperador	Bien sabéis que el tesoro
	de virtud, de nobleza y de hermosura,
	con que os dotara el Cielo, humilde adoro
	y con pasión tan pura,
	que no debéis temer ni un leve insulto,
	pues mi amor, más que amor, señora, es culto.

(Vanse.)

Tomate	Hola, negra doncella,
	llévame a la cocina,
	pues de mí está prendada,
	y a ver si allí me saca una botella
	y refrito algún cuarto de gallina,
	con algo de ensalada,
	aunque esté ya marchita y trasnochada.
Leonarda	¿Cómo, señor Tomate?
	¿Qué?... Los celosos, a quien Dios maldiga,
	no tienen apetito.
Tomate	Pues qué, ¿atacan los celos el gaznate
	y encogen la barriga?
	Yo soy todo al revés: me precipito,
	y cuando estoy celoso de una zaina,
	seis capones, dos ollas de chanfaina,
	cien panes me comiera,

	y aun agotara una vendimia entera;
	porque tanto me arrobo,
	que dejo de ser hombre y soy un lobo.

Leonarda	Pues a verme celoso nunca venga.
	Cuando lo esté, que el diablo lo mantenga
	Deje aparte los celos,
	y le daré aguardiente con buñuelos;
	y de la cena, acaso
	puede que algún relieve salga al paso.
(Aparte.)	Lo que hubiera engullido,
	llegando a tiempo, mi francés querido.

| Tomate | Mi condición se allana. |
| | Vamos, dulce tirana. |

| Leonarda | Espera... ¿Y mi decoro? |

Tomate	Más contenido soy que lo es un moro.
	En dándome torreznos y botellas,
	pueden dormir seguras las doncellas.

(Vanse.)

Escena IV

El aposento que sirve de prisión al rey de Francia en la torre de los Lujanes. Estará vestido de tapices y habrá una mesa y un sillón. Sobre la mesa, dos candeleros de plata, con velas apagadas, y ardiendo una lamparilla; por una puerta al fondo se verá un lecho de damasco, con colgadura. Sale Pierres de detrás de un tapiz, que, al levantarse, descubre un agujero practicable en la pared y cuya punta conserva agarrada hasta que salga el Rey.

| Pierres | Gracias a Dios que me veo |

                    dentro de mi calabozo.
                    Rebosa en mi pecho el gozo;
                    presto estoy y aún no lo creo.
                    Mal haya la libertad,
                    si es para darse porrazos,
                    llevar gentiles trancazos
                    y andar en la oscuridad.
                    Si, por lo menos, Leonarda
                    hubiera dádome un trago...;
                    mas nada... ¡En momento aciago
                    se empeñó la zalagarda!

Rey
(Sale por el agujero
que se oculta
al soltar
Pierres el tapiz.)   ¡Esta precisión maldita
                        de estar al amanecer...!

(Se sienta despechado.)

Pierres
(Encendiendo
las velas.)   ¿Y cómo lo hemos de hacer?
                        Tu arrojo te precipita,
                        y tras de uno y otro lance,
                        metiéndote a pelear,
                        tiempo pará enamorar
                        imposible es que te alcance.

Rey   ¿Y había de consentir
                        que la ronda descubriese
                        quién era yo, y se creyese...?
                        Antes, ¡vive Dios!, morir.

Pierres	¿Y la música de ayer?
Rey	Yo músicas no tolero en la calle donde quiero a una principal mujer.
Pierres	Mas esta noche, señor, después que los palos diste a la ronda y conociste que ver a doña Leonor no era posible, ¿por qué volvimos...?
Rey	Pierres, volví porque aquellos hombres vi.
Pierres	Ilusión y engaño fue.
Rey	No fue, menguado, ilusión; tres bultos vi en realidad, que luego la oscuridad me ocultó.
Pierres	Tras un rincón de miedo se esconderían.
Rey	Pues si los torno a topar, ¡vive Dios!, se han de acordar.
Pierres	Contigo no se metían.

(Entra a arreglar la cama del Rey.)

Rey

> ¿Por qué, suerte rigurosa,
> ni un punto tus ciegas iras
> y el ceño con que me miras
> has de deponer piadosa?
> En mi dura situación,
> en mi afanoso desvelo,
> pude lograr el consuelo
> de salir de esta prisión,
> por breves ratos no más,
> y al lado de Leonor bella
> dar al olvido mi estrella,
> ¿y aun estorbándolo estás?
> Y no te contentas, suerte,
> y me pones por delante
> sospechas, que en un amante
> son peores que la muerte,
> porque en mi pecho afanoso
> quiere unir tu encono fiero
> el dolor de prisionero
> y el martirio de celoso.

(Queda en afligida meditación.)

Pierres
(Volviendo
a la escena.)

> ¿Y a qué, decidme, señor,
> es este afán de salir?
> ¿Acostarnos a dormir
> no fuera mucho mejor?
> Cuando con tantos dineros,
> cadenas y ricas joyas,
> y a fuerza de mil tramoyas
> logré ganar los arqueros,
> y después del gran trabajo

que nos costó taladrar
esa pared y encontrar
salida hasta el piso bajo,
pensé, juro a San Dionís,
que era para luego, luego,
tomar las de Villadiego
sin parar hasta París.
Así, las primeras noches
que logramos escapar,
me pensé que iba a encontrar
caballos, literas, coches;
mas nada: en espadachines
y en galanes transformados
nos fuimos muy embozados
a rondar unos jardines.
Y luego a oscuras a entrar,
tropezando en escalones,
por desvanes y rincones,
tú con tu dama a charlar
y yo a charlar con la moza,
que, según es de ladina,
saldrá al fin de la cocina
en un burro y con coroza.
Yo... se la hubiera pegado
a este mastín de Alarcón.

Rey
(Poniéndose en pie,
muy enojado.) Acaba tu relación,
que me tienes mareado.
Eres villano sin seso,
y no sabes que las leyes
del honor para los reyes
son cadenas de gran peso.

| | Si pensaste cual ruin
que era mi intento fugarme,
cuando me viste afanarme
por salir de este confín,
ofendiste mi arrogancia,
que mi palabra he empeñado,
y jamás a ella ha faltado
el rey Francisco de Francia.
Del Cielo el rigor esquivo
y la inicua suerte mía
me rindieron en Pavía
al emperador altivo;
y en aquel campo perdí
todo; pero la honra, no,
y no soy un hombre yo
que huyendo salga de aquí.
O con pactos ventajosos
a mi trono he de volver,
o rescatado he de ser
por mis vasallos gloriosos. |
|---|---|
| Pierres (Humilde.) | No fue ofenderte mi intento...
A tus plantas perdón pido.
Mas no grites, que si ha oído
tus voces vendrá al momento
el furibundo vejete;
y como no puede en ti,
tal vez descargará en mí
la nube con un cachete. |
| Rey | Pues no pienses necedades. |
| Pierres | Señor, ¡si soy un pollino!
Cuanto pienso es desatino; |

>   cuanto digo, vaciedades;
>   mas que me gozo confieso
>   en ser humilde villano.

Rey   ¿Por qué?

Pierres   Porque puedo, ufano
>   escaparme si estoy preso,
>   como lo hice allí sin mengua
>   de la Bastilla en París,
>   cuando estuvo ya en un tris
>   sacarle al pueblo la lengua.
>   Y no por lladre, eso no,
>   sino porque vuestro ayo
>   me quiso colgar el sayo
>   de ser vuestro maqueró.
>   Mas idos al lecho aprisa,
>   que empieza ya a amanecer,
>   y ésta la hora suele ser
>   de la matinal requisa.
>   Y si el señor de Alarcón
>   nos ve tan empavesados,
>   listos y despabilados,
>   sospechará con razón.

Rey
(Empezando
a desnudarse.)   Dices bien. ¡Ojalá el sueño
>   descienda a mí suave y manso,
>   y dé a mis penas descanso
>   con balsámico beleño!
>   ¡Qué ajena, Leonor, estás
>   de que tu don Juan soy yo!
>   ¡Qué ajena!...

(Oyese ruido.)   Mas ¿qué sonó?

Pierres   Que se acerca Satanás.

(El Rey se va al lecho precipitadamente, y Pierres, con gran presteza, apaga las luces, pone en el suelo unos almohadones, se queda en mangas de camisa, se acuesta y finge que ronca. Se oye el ruido de una gruesa llave, de un cerrojo y de una barra, y sale con un candelero en la mano Hernando de Alarcón.)

Alarcón
(Deteniéndose
al entrar.)   Maldito este oficio sea,
                     que no es para caballeros
                     andar en estas requisas
                     y vivir celando presos.
                     Me gusta a los enemigos
                     encontrarme cuerpo a cuerpo,
                     dando de maza y montante
                     golpe que cante el misterio;
                     y me aflige desarmados
                     en prisión estrecha verlos,
                     donde se abate y se postra
                     el más generoso esfuerzo.
                     El corazón se me parte
                     cada vez que a mirar vengo
                     si un rey tan grande y valiente
                     está postrado y sujeto.
                     Si ya empeñó su palabra
                     de no fugarse, aun pudiendo,
                     y cual rey ha de cumplirla,
                     ¿para qué más embelecos...?
                     Mas obedecer me toca
                     los soberanos preceptos
                     sin meterme a escudriñarlos

                    resígnome y obedezco.

(Se acerca con tiento a la alcoba y observa al Rey, que duerme.)

                    ¡Desdichado! ¡La fortuna
                    muy su contraria es, por cierto!
                    Aunque he ayudado a vencerle,
                    me aflige en tal sitio verlo.
                    ¡Lo que es ser robusto y joven!
                    De su infortunio tremendo
                    se olvida, y es venturoso
                    entre los brazos del sueño.

(Se acerca a observar a Pierres)

                    Este socarrón criado,
                    que es un tuno como un cerro,
                    también ronca a pierna suelta.
                    Muy buenas ganas le tengo.
                    Mas pues que todo está en orden
                    y nada ofrecer recelo,
                    duerman tranquilos y olviden
                    sus infortunios acerbos.

(Vase.)

Pierres (Se va incorporando al paso que se retira Alarcón, y cuando éste desaparece, se levanta y va como detrás de él hacia la puerta.)
                    Señor Alarcón, mil gracias
                    por sus corteses requiebros,
                    y por las ganas también.
                    Reviente con ellas presto.

(Viene al centro de la escena.)

En mi vida me ha cabido
dosis más grande de miedo.
Temí que me saludaba
con un puntapié a lo menos.
¡Pues si oliera...! No hay cuidado.
Sepa, señor carcelero,
que le hacemos la mamola
porque es un pobre mostrenco.
Y si otro fuera mi amo,
y no andara en devaneos,
chasco os llevarais tan grande
que os dejara patitieso.

(Se acerca al lecho del rey.)

Señor, ya se fue. Durmióse,
¡Pues no es mal cuajo, por cierto!
Mas ha hecho bien, a fe mía.
A seguir voy yo su ejemplo.

Jornada segunda

Escena I

Salón del alcázar de Madrid. Aparecen el Emperador, sentado junto a una mesa en que hay dos candelabros con luces encendidas y recado de escribir, y el Conde, en pie junto al sillón.

Emperador	Esta noche ha de llegar, con el alma lo deseo, el importante correo, o mañana a más tardar.
Conde	También yo anhelo que venga, porque, al cabo, el compromiso...
Emperador	De un modo o de otro preciso es que fin, y pronto, tenga. Todo un rey, y un rey de Francia, más de un año prisionero, es triunfo muy lisonjero a mi poder y arrogancia; pero también, en verdad, es ya embarazo forzoso para la paz y reposo, conde, de la cristiandad.
Conde	Si ratificado viene el tratado, que en rigor a vuestro gusto es, señor, y a ambas coronas conviene, la paz queda asegurada,

Emperador	Y al momento, yo lo abono, vuelve Francisco a su trono; toda discordia olvidada.
Conde	¿Y si orgulloso el francés arrollase...?
Emperador	No lo espero. Se precia de caballero el rey Francisco, y lo es.
Conde	Pero es la Italia una prenda de mucho empeño y valor.
Emperador	De la Italia soy señor. ¡Ay de aquel que la pretenda! Del Imperio o de la España siempre la Italia será, y en ella tres veces ya se hundió la francesa saña. Y con Pescara, Alarcón, el del Vasto, Juan de Urbina, Leiva, Santillana, Encina y otros caudillos, que son de esfuerzo y pericia soles, ¿quién la Italia ha de pisar? ¿Quién podrá el valor tentar de los tercios españoles?
Conde	Señor, con tales soldados y tan nobles capitanes, todos vuestros sabios planes verá el orbe realizados.

Emperador	Sí; con española tropa, en quien yo mis glorias fundo, estrecho se me hace el mundo; conque ¿qué será la Europa?
Conde	Tenéis razón que es estrecho si recordáis tanta hazaña como las armas de España en Indias hacen y han hecho.
Emperador	Pues si el plácido reposo de la cristiandad consigo, verás a mis pies, amigo, el africano coloso.
Conde	¡Oh! Plegue a la Omnipotencia que la morisma postrada...
Emperador	Dad, conde, al alcalde entrada, que espera hace rato audiencia.
Conde (Acercándose a la puerta.)	El alcalde.

(Sale el Alcalde, hace una profunda reverencia, hinca una rodilla en tierra e inclina en ella la vara.)

Alcaide	Emperador siempre glorioso y augusto, mi rey siempre grande y justo, a vuestras plantas, señor...
Emperador (Grave.)	De la tierra, alcalde, alzad,

                    y alzad la vara, que yo
                    acato también, y no
                    la quiero en tierra. Llegad;

(Se levanta y acerca el alcalde.)

                    que porque en la tierra anduvo
                    anoche, mi celo os cita,
                    pues hablaros necesita
                    de aquello que anoche hubo.
                    ¿Qué desórdenes, decid,
                    son esos que han ocurrido,
                    y que habéis vos permitido
                    con escándalo en Madrid?

Alcaide   ¡Señor!

Emperador (Severo.)   ¿Os parece nada
                    que se turbe, donde asisto,
                    el reposo, ¡vive Cristo!,
                    de la noche sosegada?
                    ¿Que se atropelle y se asombre
                    a habitantes desarmados,
                    que pasean descuidados,
                    y esto solo por un hombre?
                    ¿Que a los que salen a dar
                    inocentes alboradas
                    se les dé de cuchilladas,
                    sin amparo alguno hallar?
                    ¿Y que a la santa Justicia,
                    a una ronda, a vos, en fin,
                    se insulte y se ofenda, sin
                    atajar tanta malicia?

Alcaide (Turbado.)   Es cierto...

Emperador   Nada digáis.
Lo que anteanoche ocurrió,
y lo que hubo anoche, yo
lo sé mejor que pensáis.
Y sabed (puede os importe)
que no quiero yo que en balde
ronde a Madrid un alcalde
de mi casa y de mi corte.
Despejad.

Alcaide
(Se retira muy turbado haciendo reverencias, y dice, aparte, al salir):

Turbado y loco
salgo. Juro a Dios rondar
mejor, y el yerro enmendar,
o tengo de poder poco,

Emperador   Entre Hernando de Alarcón.

(Sale Hernando de Alarcón y pone una rodilla en tierra.)

Alarcón   César invicto, postrado...

Emperador   Alzad, valiente soldado.
Llegad, noble campeón.

Alarcón
(Se levanta
y se acerca.)   Viva el generoso rey,
que se complace en honrar
a un anciano militar.

Emperador	Es honrarlo justa ley,
	que un glorioso veterano
	y de fama tan suprema
	es puntal de la diadema
	y apoyo del soberano.
	Es prenda de la victoria,
	de la juventud ejemplo,
	y tiene altar en el templo
	de la sempiterna gloria.
	¿Cómo estáis?
Alarcón	Viejo, aunque fuerte,
	y harto ya de verme ocioso,
	que condenarme al reposo
	es condenarme a la muerte.
Emperador	Pronto a Italia habéis de ir.
Alarcón	Si está en paz aquella tierra,
	mandadme donde haya guerra,
	que es donde os puedo servir.
	Que aun con esfuerzo me hallo
	para esgrimir el montante,
	llevándome por delante
	un escuadrón de a caballo...
Emperador	De vuestro glorioso acero,
	arrojo y noble lealtad,
	buen Alarcón, en verdad,
	aún muchos triunfos espero.
	¿Y el preso?
Alarcón	Bueno, y alarde

	haciendo de su paciencia.
Emperador	¿Lo visitáis con frecuencia?
Alarcón	Señor, por mañana y tarde, porque es precaución precisa, y para mí dura, hacer requisa al amanecer, y al ponerse el Sol requisa. De hacer vengo la postrera.
Emperador	¿Y cómo está?
Alarcón	Señor, es su alteza al cabo francés y de condición ligera. Algunas veces, muy pocas, está hundido en el despecho, arrancando de su pecho lágrimas y voces locas; y a la tierra, y al abismo, y a los cielos amenaza; ropa y muebles despedaza, y se maldice a sí mismo. Pero a todo se acomoda, es afable, tañe, canta, con buen apetito yanta, y duerme la noche toda. Da voces de guerra y mando, cual si un escuadrón rigiera, y ríe como un cualquiera con su bufón embromando. Mas cuando habla de su madre y de Francia, tierno llora,

	cosa que a mí me enamora,
	y que es justo que me cuadre.
Emperador	¿Y con vos?
Alarcón	Siempre cortés,
	me honra con noble atención,
	y en trato y conversación
	afable y discreto es.
	Y demuestra afición mucha
	sobre guerra a platicar,
	y en esta materia hablar
	con gran atención me escucha.
Emperador	Y de mí..., ¿dice...?
Alarcón	Jamás
	le oí decir cosa ninguna.
	Se queja de su fortuna.
	¿De vos...? ¡No faltaba más!
	Lo que me pasma es su aseo,
	y ver lo que se engalana,
	y lo mucho que se afana
	por el buen porte y arreo.
	Por las tardes, cual si fuese
	a algún sarao, señor,
	se atilda con tal primor...
Emperador	Uso de su tierra es ése.
	Y de mí, ¿qué deseáis?
Alarcón	Señor, en primer lugar,
	veros, y humilde besar
	la mano con que me honráis;

	y en segundo, suplicaros,
	como ha un año lo reitero,
	me quitéis de carcelero,
	que no soy...

Emperador   En aliviaros
de tan ardua comisión
no tardaré, descuidad,
que muy pronto en libertad
quedará el rey, Alarcón.
Mas en tanto...

Alarcón   Obedecer
me toca solo; aunque todos
mis achaques de mil modos
me dan en Madrid que hacer.
Con la sedentaria vida
la maldita gota crece,
y ya se me reverdece
una herida y otra herida,
No es para mí la quietud.
En los sitios y batallas,
vestido de duras mallas,
siempre gozo de salud.
Cautivar reyes mandadme,
y lo haré al punto, a fe mía,
como hace un año en Pavía,
mas de guardarlos libradme.

Emperador   Poco tiempo os queda ya
de guardar tal prisionero.
La paz ventajosa espero,
y todo se arreglará,
y con alto galardón,

	aunque no cual merecéis,
	a Italia regresaréis,
	buen Hernando de Alarcón.
Alarcón	Dadme a besar vuestra mano.
Emperador	Yo os la presento de amigo.
Alarcón (Besándola.)	Mil veces a Dios bendigo,
	que nos dio tal soberano.
(Vase.)	
Emperador (Al Conde.)	No se hallará en todo el mundo
	un soldado más cabal.
Conde	Su lealtad es sin igual,
	su valor es sin segundo.
Emperador	En la antecámara, conde,
	¿hay alguien que espere audiencia,
	alguien que pida justicia,
	alguien que gracia pretenda?
Conde	No, señor; ya ha recibido
	vuestra majestad excelsa
	a cuantos las honra anhelaban
	de veros.
Emperador (Se levanta del sillón.)	Enhorabuena.
	Gracias a Dios que, cumplida

ya la obligación estrecha
que el Cielo impone a los reyes
al ceñirles la diadema,
descansar un rato puedo,
dando a los cuidados tregua
por el plazo de la noche;
que si tirante la cuerda
siempre tuviese, bien pronto
rompiérase la ballesta.
Estar siempre de aparato,
siempre en las altas esferas
de políticos proyectos,
combinaciones y empresas;
ya con la espada de Temis
siendo de los hombres regla,
ya con el rayo de Jove
amenazando a la Tierra,
postra el ánimo más grande,
rinde la más noble fuerza,
que, al cabo, hombres somos todos
de frágil naturaleza.
Y diz que hasta el mismo Atlante,
que el firmamento sustenta,
aunque para esto tan solo
en medio de África reina,
descanso anheló, y gozóse
cuando Alcides se lo diera,
tomando un rato en sus hombros
el orbe de las estrellas.
Vamos, pues, algunas horas,
olvidando las grandezas de trono,
corona y cetro,
que tanto deslumbra y pesan,
a ser hombre y en la vida

            civil a lograr aquellas
            ventajas y diversiones
            que nunca a palacio llegan,
            pues dijo bien aquel sabio
            que dijo que reinar era
            la esclavitud más penosa,
            la más dorada miseria.

Conde   No hay en Europa monarca
            que más justamente deba
            disfrutar de algún descanso,
            dar a sus cuidados tregua,
            que vos, señor, a quien nunca
            tales reposos enervan,
            y que a Estados tan diversos
            como os dio la Providencia,
            pues es ya vuestra corona
            un cúmulo de diademas;
            vuestros desvelos abrazan,
            vuestra vigilancia llega,
            vuestras miradas se extienden
            y vuestra mano gobierna,
            sin que falte la justicia,
            sin que el orden se subvierta,
            sin que un punto se descuiden
            su protección y defensa.
            Descansad, que es conveniente;
            descansad, invicto César,
            si recobráis descansando
            para el mando mayor fuerza.
            Y descendiendo a la vida
            civil un rato, encubierta
            la majestad, no tan solo
            gozar vuestro objeto sea,

	sino examinar vos mismo, por vos también, las diversas necesidades que afligen a los vasallos, pues llegan tarde o mal o nunca al trono, por lo que jamás encuentran el alivio que pretenden ni los remedios que anhelan.
Emperador	Decís bien, conde, y dichoso yo en mis diversiones fuera si nuevos conocimientos para gobernar me prestan. Mas no hablemos de negocios, que a los negocios di treguas. ¿Sabes tú que todo el día fija he tenido la idea de aquellos hombres que anoche hallamos junto a la puerta de doña Elvira, y que anhelo saber quiénes ellos sean?
Conde	Y al cabo, señor, ¿qué importan?
Emperador	Que si a ver a Elvira fueran...
Conde	Ni tampoco en ese caso.
Emperador	Yo no admito competencias.
Conde	¿Pues no bajáis a la vida ordinaria?
Emperador	Y dime: ¿en ella

| | ni en ninguna, en tales lances
amorosas se toleran? |
|---|---|
| Conde | ¿Conque estáis enamorado? |
| Emperador | No lo estoy; pero me empeña
la discreción y hermosura
de Elvira. Y aunque no sea
amor, sino pasatiempo
lo que enredado me tenga,
aquellos dos hombres, conde,
en su calle, me molestan;
que aun en amores de chanza
los celos matan de veras. |
| Conde | Pues yo estoy, señor, dispuesto,
y sin que nadie lo sepa,
a limpiar la calle. |
| Emperador | Conde,
satisfecho no se queda
en estos lances de celos,
que al amor propio interesan,
si cuando hay que andar a golpes
se aplican por mano ajena. |
| Conde | Y ¡qué, señor! ¿Vos? |
| Emperador | ¿Acaso no puedo lo que otro pueda?
Y descendiendo a la clase
de un particular, es fuerza
que a las duras y maduras
de tal condición me atenga. |

Conde	Pero sois quien sois al cabo.
Emperador	Pues te juro que desea
mi pecho algún lance de éstos,
en que lucir mi destreza.
Conde	Se ve, señor, que sois mozo.
Emperador	Sí lo soy; no es extrañeza
que, sin faltar a sagradas
obligaciones, divierta
el ánimo en tales cosas.
Pronto en vida más estrecha,
mudando de estado, conde,
me verás.
Conde	Plegue a Dios sea
pronto, que ya aguarda el mundo,
señor, con justa impaciencia
de tal león los cachorros
que el dominio de la Tierra
aseguren para siempre
en vuestra prosapia excelsa.
Emperador	Avanzada está la noche.
Di que me sirvan la cena,
en tanto que me disfrazo
para ir a dar una vuelta.
Conde	¿Saldré con vos...?
Emperador	No es preciso.
Quédate aquí, y está alerta;
y si llegase el correo

	que tanto nos interesa,
	irás a avisarme al punto,
	pues sabes dónde y la seña.

(Vase.)

Conde	Solo obedecer me toca,
	señor, las órdenes vuestras.

Escena II

Sala de casa particular con mesa y sillas y dos candeleros con luces, y sale Doña Leonor.

Doña Leonor	¿Si será tan desdichada
	como anoche, ¡ay Dios!, lo fui,
	y estaré esperando aquí
	para quedarme burlada?
	Aun nada he sabido, nada,
	de lo que anoche ocurrió.
	El que la ronda encontró
	fue don Juan, esto es lo cierto.
	Le importa estar encubierto...
	Pues ¿por qué lo espero yo?
	Si otro encuentro ha de tener,
	si por mí ha de peligrar,
	no me venga, no, a rondar;
	no me venga nunca a ver.
	Paciencia sabré tener
	en la ausencia y el olvido,
	porque mi amor no es fingido;
	antes es tan puro y fuerte,
	que prefiriera la muerte
	a verle comprometido.

También el emperador
(que por más que disimula
mi prima, aunque harto la adula,
es su amante rondador)
anoche, ¡duro rigor!,
vio a don Juan, y está celoso.
Esto me quita el reposo,
y todo, todo lo temo,
que siempre hay peligro extremo
en turbar al poderoso.
Mas según es esforzado
don Juan, ¡ay triste de mí!,
por venir a verme, sí,
todo lo expondrá arriscado.
Esto aumenta mi cuidado,
esto mi ansiedad mantiene,
esto afanosa me tiene;
y es tal mi dolor prolijo,
que si no viene me aflijo,
y me aflijo por si viene.
Aquella carta primera,
que me escribió este francés,
y que así rindió a sus pies
mi condición altanera,
¿era hechizo...? ¿Rayo era?,
¿o con qué tinta encantada,
¡cielos!, estaba trazada,
que así el pecho me incendió,
que así el alma me robó,
que así quedé enamorada?
Y su talle, y su expresión,
y su hablar, y hasta el venir
a un rey vencido a servir,
que es noble y gallarda acción;

        cuanto en él vio mi atención
        todo me enciende y cautiva,
        todo mi pasión aviva,
        todo, ¡cielos!, me enloquece,
        y tan solo me parece
        que para amarle estoy viva.
        Mas... ¿quién es? Un caballero,
        caballero de alta ley,
        que tal lealtad a su rey
        lo publica al orbe entero.
        Y... sea quien fuere, le quiero
        y me quiere. Loca estoy;
        ni sé, ¡ay triste!, lo que soy,
        ni qué ventura pretendo,
        ni yo a mí misma me entiendo;
        ciega y despeñada voy.

(Sale Doña Elvira.)

Doña Elvira   Esta noche, venturosa
                     vas, querida prima, a ser,
                     y no tardarás en ver
                     al que esperas amorosa.

Doña Leonor   ¿Seré, Elvira, tan dichosa?

Doña Elvira   ¿Y por qué no, mi Leonor?

Doña Leonor   Porque del Cielo el rigor
                     se complace en perseguir...

Doña Elvira   No debes eso decir.
                     Fue mera casualidad
                     lo de anoche.

Doña Leonor	Sí, es verdad;
	mas se puede repetir.
Doña Elvira	No, prima. Ya está acostado
	nuestro tío, y puede entrar,
	sin que tenga que aguardar,
	en cuanto llegue tu amado.
Doña Leonor	¿Y vendrá...?
Doña Elvira	¿Quién lo ha dudado?
	Vendrá. Mas forzoso es
	encargarle que después,
	al salir, no se detenga,
	no sea que el otro venga,
	y... fuera expuesto, ya ves.
Doña Leonor	Pues por el encuentro ya
	de anoche afligida estoy,
	y aun me recelo que hoy
	por él don Juan no vendrá.

(Sale Leonarda.)

Leonarda	Señora, en la calle está
	tu galán; hizo la seña,
	y baja a abrirle la dueña.
Doña Leonor	¡Ay, gracias a Dios! Respiro.
Doña Elvira	Ya sube. Yo me retiro.

(Vase.)

Doña Leonor ¡Cuánto su arrojo me empeña!

(Salen el Rey, Pierres y Anacleta.)

Rey ¡Oh mi encanto, oh Leonor bella!

Doña Leonor Un sueño se me figura
veros aquí.

Rey El alma mía
también de tal dicha duda.
Una ilusión me parece,
que mi contraria fortuna
engañosa me presenta,
para burlarla sañuda
y agrandar con falsas dichas
mis verdaderas angustias.

Doña Leonor ¿Cómo habéis estado...?

Rey Como
el Universo si a oscuras
veinticuatro horas pasase
sin ver el Sol que lo alumbra.

Pierres Nada exagera, señora.
Mas permítele a mi sucia
boca que mejor te pinte
el triste estado en que...

Rey Excusa
bufonadas.

Doña Leonor   No, dejadle.
                   Sabéis que su humor me gusta.

(Se sienta y ofrece silla al Rey.)

Pierres   Pues con esa salvaguardia,
                   por más que, mi señor gruña,
                   allá voy; no a relatarte
                   eso de orbe, Sol y Luna,
                   de oscuridades, de luces
                   y otras gentiles locuras,
                   que a personas de juicio
                   las joroban y estrangulan...

Rey   Pues ¿qué dirás, majadero?

Pierres   Diréle, señor, en suma,
                   que has estado hecho un orate,
                   un alma en pena, una grulla
                   y un camello. Y tú, señora,
                   que es cierto verás si escuchas.

Doña Leonor   Di.

Pierres   Ha querido, como loco,
                   mi señor darme una tunda:
                   ha roto muebles y espejos,
                   y ha armado gentil trifulca.
                   Cual alma del purgatorio,
                   ha sido la quinta angustia,
                   diciendo que se quemaba
                   el corazón y asaduras,
                   ardiendo en un vivo fuego,
                   que no le hacía una pupa,

y que la dulce esperanza,
más dulce que miel o azúcar,
de veros hoy, lo alentaba,
y la de gozar la suma
gloria de este paraíso,
viniendo a las plantas tuyas.
Toda la noche ha pasado
en un pie, como aseguran
que el ave que dije suele,
y toda en ropas menudas,
cerca de la lamparilla,
a cuya luz moribunda
ya repasaba tus cartas,
ya una trenza hermosa y pulcra
besaba de tus cabellos,
diciendo sandeces muchas.
Lo del camello aquí encaja,
que no es (Dios me guarde) injuria.
Hace veinticuatro horas
que está don Juan en ayunas,
caminando en el desierto
de mil ideas confusas.
No comer en tanto tiempo,
y sin dejar la andadura,
¡vive Dios!, que lo hace solo
aquel animal. Discurra
ahora tu ilustre belleza
si son o no inoportunas
mis cuatro comparaciones
con orate, ánima, grulla
y camello, pues mi amo
lo que estos cuatro hacer usan
lo ha hecho el tiempo que hace
estamos sin ver esa cara chusca.

Rey	No sé cómo os hace gracia.
Doña Leonor	Lo que me dice me adula. ¿Y me ha nombrado a menudo vuestro señor?
Pierres	¿Eso dudas? Más Leonores ha ensartado que hay en las vendimias uvas, que hay letras en un proceso. que hay en un podenco pulgas. Cuando a Leonorar se pone, debe pensar quien lo escucha que un siglo de perdonanza logra por romana bula cada vez que Leonor dice y que sus letras pronuncia.
Rey	No sueltes más necedades.

(Empieza a hablar aparte con Doña Leonor.)

Pierres	Ya no me queda ninguna, que el tesoro de mis chistes en un momento se apura.
(A Leonarda.)	Y tú, morena sabrosa más que ecijana aceituna, ¿cómo lo pasé en tu ausencia ni siquiera me preguntas?
Leonarda	Señor gabacho, ya sabe que soy muy de veras suya; y por si, como su amo,

	también se viene en ayunas,
	conmigo hacia la cocina
	puede caminar si gusta,
	y topará con los restos
	de un ánade y de una trucha,
	y con un trago.

Pierres   ¿Alaejos?

Leonarda   Alaejos del que echa pullas.

Pierres   Eso pido, y buenas noches.
                      Vamos allá, ¡pese a Judas!,
                      mientras mi amo y tu señora
                      se atortolan y se arrullan,
                      diciéndose desatinos,
                      que amor sublime intitulan.

(Vase con Leonarda.)

Anacleta (Aparte.)   Ser tercera de señoras,
                      aunque muy poco me gusta,
                      es mi oficio; mas me pudre
                      serlo de esta pelandusca.
                      Y el que se esconda con Pierres
                      ni me coca ni me azuza;
                      mas cuando va con Tomate
                      me convierto en una furia.

Doña Leonor   No te duermas, Anacleta.

Anacleta   Bien podéis estar segura,
                      pues pasando mi rosario
                      no me vence el sueño nunca.

Doña Leonor	Observa atenta a mi tío.
	no se despierte, trasluzca
	que no estamos acostadas
	y alguna desdicha ocurra.

Anacleta
(Aparte, yéndose.)   Malditas sean estas tocas
y los cincuenta que abruman
mis costillas y convierten
a una mujer en lechuza.
Pues, con todo, no me trueco
por Leonarda, ni por... muchas
otras aun más estiradas.
Y si tuvieran cordura
los mozalbetes, sabrían
que, aunque parecemos tumbas
las dueñas con estos sayos,
tenemos fresca la enjundia,
y el corazón, y unas carnes
mejores que ahora se usan;
que, al cabo, estas damiselas
con solo, uñas aleluyas,
y en quitándoles las joyas,
los postizos y las mudas,
con todos sus verdes años,
parecen pollos sin plumas.

(Vase.)

Doña Leonor   ¡Ay don Juan! Estoy tan loca,
que lo que en el alma siento
en este feliz momento
no sabe expresar mi boca.

                        ¿Es verdad cuanto me habláis?

Rey
(Con melancolía
y vehemencia.)   Mucho más grande, Leonor;
                        mucho más grande mi amor
                        es de aquello que pensáis.

Doña Leonor   Mas ¿por qué tanta reserva
                        sobre vuestro plan futuro,
                        y ese misterioso muro
                        entre los dos se conserva?
                        Vuestro corazón inquieto
                        a un no sé qué, me disgusta
                        mi pecho y que mi alma asusta,
                        conozco que está sujeto.
                        Y al pintarme vuestro afán,
                        de que no dudo, una espina
                        es punza, con que no atina
                        mi pensamiento, don Juan.

Rey (Afligido.)   Es tan rara vi ventura,
                        que amaros correspondido
                        me tiene en un mar hundido
                        de dolor y de amargura.
                        Y ¡ojalá jamás os viera,
                        y vuestro pecho jamás...!

Doña Leonor   Cada vez, ¡ay cielos!, más
                        aumentáis mi angustia fiera.

Rey   Un enigma oscuro soy,
                        un desdichado francés
                        que el alma rindió a tus pies

	y que solo...
Doña Leonor	Muerta estoy... ¿No sois caballero...?
Rey	Sí, más que el Sol.
Doña Leonor	¿Libre?
Rey	También.
Doña Leonor	¿No me amáis?
Rey (Con vehemencia.)	¡Ay!... Sois mi bien, mi encanto, mi frenesí.
Doña Leonor	¿Y seguro de que os quiero...?
Rey	Segurísimo, Leonor; y el deberos tanto amor es mi martirio el más fiero, es mi gloria la más alta, es mi pena la más dura, es mi más grande ventura, la que a los cielos me exalta. Es mi vida y es mi muerte, mi infierno, mi paraíso, que en mi pecho apurar quiso tantos contrastes la suerte.
Doña Leonor	Explicaos, que confundida me tenéis en un abismo.

Rey (Despechado.)　　¡Ay!..., no me entiendo a mí mismo.
　　　　　　　　　　Solo sé que sois mi vida.

(Queda Doña Leonor muy abatida, llorando, y el Rey continúa aparte, agitado):

　　　　　　　　　　¡Cielos!, no quiero engañar
　　　　　　　　　　a esta celestial mujer.
　　　　　　　　　　¿Y su amor he de perder?
　　　　　　　　　　¿Y la he de desesperar?
　　　　　　　　　　No puede un rey poderoso
　　　　　　　　　　lo que el esclavo más vil.
　　　　　　　　　　Mil coronas diera, mil,
　　　　　　　　　　por ser de este ángel esposo;
　　　　　　　　　　mas fuerza es disimular.
(Alto.)　　　　　　　Leonor..., decid...

Doña Leonor
(Llorando.)　　　　　　　　　　No hay quien diga.

Rey　　　　　　　　¿Lloráis?... Mi lengua maldiga
　　　　　　　　　　el Cielo si os dio pesar.
　　　　　　　　　　Os idolatro, os adoro;
　　　　　　　　　　soy feliz si me amáis vos;
　　　　　　　　　　dejad al tiempo y a Dios
　　　　　　　　　　mis enigmas; no más lloro.
　　　　　　　　　　Venid, recobrad la calma,
　　　　　　　　　　y oiga yo ese suave acento
　　　　　　　　　　que es el bálsamo de viento
　　　　　　　　　　y el encanto de mi alma.

Doña Leonor
(Algún tanto
recobrada.)　　　　　Vuestros misterios, don Juan,

	son un horrendo martirio.
	Mi delicia, mi delirio,
	al cabo se aclararán.
Doña Leonor	¿Para ser ambos dichosos?
	¡Ojalá!
Rey	Sí, yo lo aguardo.
	Y a mi ardiente anhelo, tardo
	es el tiempo presuroso.
	No hablemos más de esto, no.
	¿Me amáis vos, decid, me amáis?
Doña Leonor	Y qué, don Juan, ¿lo dudáis?
Rey	
(Con mucha ternura.)	Pues aún más os amo yo.
(Con aire ligero.)	Mi carácter, y lo raro
	de mi situación, que al fin
	me obliga a ocultarme, sin
	mostrarme nunca al Sol claro,
	porque de mi pobre rey
	tan desdichado el servicio
	exige, este sacrificio,
	y el cumplirlo es justa ley,
	causan estos desvaríos
	de mi acalorada mente,
	y así salgo de repente
	con estos repentes míos.
	Cuidados grandes también...
	Mas nada importa. Leonor;
(Muy cariñoso.)	mi vida está en vuestro amor;
	sois mi tesoro, mi bien.

Doña Leonor	Yo me hago cargo de todo, don Juan, y no exijo nada, porque un alma enamorada es de fácil acomodo. Lo que llega a acobardarme es que por mí os expongáis...
Rey	Bella Leonor, no temáis, pues yo sé muy bien guardarme.
Doña Leonor	Anoche, cuando el empeño con la ronda, ¡cuál quedé!
Rey	Nada aquel encuentro fue, nada, mi adorado dueño.
Doña Leonor	De ser quimerista: alarde hacéis, don Juan.
Rey (Frío y disgustado.)	No, por cierto; pues no hubo otro desconcierto a vuestra puerta más tarde.
Doña Leonor (Sobrecogida.)	¿Y por qué?
Rey (Malicioso.)	En cuanto pasó la ronda, torné hacia aquí.
Doña Leonor	¿De veras?
Rey	Y cosas vi que no quisiera ver yo.

Doña Leonor
(Recelosa
y asustada.) ¿Volvisteis?

Rey Volví, señora.

Doña Leonor ¿Estáis en vos...?

Rey (Mortificado.) ¿Os disgusta?

Doña Leonor
(Decidida.) Y mucho, porque me asusta.

Rey (Con viveza.) ¿Y por qué?

Doña Leonor
(Confusa.) Por nada.

Rey ¿Ahora
la misteriosa sois vos?

Doña Leonor
(Turbada.) ¿Yo la misteriosa...?

Rey (Resuelto.) Sí,
y no he de salir de aquí
sin apurar, ¡vive Dios!,
qué causa vuestra sorpresa.
Pensé no deciros nada;
mas al veros alterada,
declararme me interesa.
Ya disimular no puedo.
Varias noches van que tres

                    embozados...

Doña Leonor
(Con viveza.)
                          Cierto es.
¿A la una?

Rey   En punto.

Doña Leonor
(Asustada.)   ¡Ay qué miedo!

Rey   ¿De qué...?

Doña Leonor   Don Juan, sed prudente;
a la una nunca estéis,
si de veras me queréis,
en esta calle.

Rey (Indeciso.)   Esa gente...,
¿es acaso...? ¿Qué os altera...
¡Leonor.... Leonor!...

Doña Leonor
(Afligida.)   ¿Tenéis celos...?
Me ofendéis. ¿Tan poco, ¡oh cielos!,
conocéis mi fe sincera?

Rey   Os amo... En vuestro jardín
hombres he visto a deshora.
Al decíroslo yo ahora
se torna en gualda el carmín
de vuestro rostro... ¡Ay Leonor!

Doña Leonor   Me ponéis en duro aprieto.

	En todo esto hay un secreto...
Rey (Enojado.)	Ya conozco yo el rigor
de mi contraria fortuna.
Si burláis mi confianza,
¿quién después tendrá esperanza,
¡cielos!, en mujer ninguna?
Doña Leonor
(Afligida.)	¿Y dudáis de mí?... Pues no
me faltaba, ¡ay triste!, más.
Rey
(Con abatimiento
y ternura.)	Divina Leonor, jamás.
Cuanto valéis lo sé yo.
Mas, ¡ay!, aquietad mi pecho;
del laberinto sacadme,
por vuestro amor, y dejadme
consolado y satisfecho.
Doña Leonor	¿A vos, enigmas en todo
y misterios...? Mas mujer
soy, y sabemos querer
las mujeres de otro modo.
Advertidlo en cuanto hago.
Tengo, don Juan, una prima...
Vuestra discreción me exima
si a los celos satisfago
con esto de descubrir...
Rey (Confuso.)	No basta... ¿Encontrarme yo
no pudiera...?

Doña Leonor   Don Juan, no,
sin tener, ¡ay!, que sentir,
sin correr el riesgo más espantoso.

Rey   Qué, el amante
de esa prima, ¿es un gigante,
o es algún león quizás?

Doña Leonor   Es gigante y es león;
eslo, don Juan, sí; creedme.

Rey   Con eso lográis ponerme
en más dura confusión,
y más anhelo me inflama
de buscarlo, ¡vive Dios!

Doña Leonor   Pero ¿quién os mete a vos
con galanes de otra dama?

Rey (Resuelto.)   Vos astuta me ocultáis
algo en esto, y dudo y quiero
descubrir con el acero
lo que vos disimuláis.

Doña Leonor   Pues, don Juan, para aquietaros
de una vez, aunque lo siento
por mi prima, en el momento
voy la verdad a explicaros.
De mi prima es rondador...
A nadie lo revelad...

Rey (Impaciente.)   Vamos, Leonor, acabad.

Doña Leonor   Nuestro augusto emperador.

Rey (Pasmado.)　　　Eso es ya caso distinto.

(Queda Doña Leonor como asustada y pesarosa de lo que ha dicho, y el Rey, como sobrecogido, dice aparte):

       ¡Cielos!, ¿qué oigo?... ¿Disfrazado
       he visto cerca, a mi lado,
       al gran César Carlos Quinto?
       ¿Y mi necio corazón
       no me lo avisó?... ¡Dios mío!
       ¡Ah!, de gozo desvarío.
       Hallé la ansiada ocasión.

Doña Leonor   Habéis quedado de hielo.
       ¿Veis ahora qué bien hacía
       en callar, y que tenía
       por vos muy justo desvelo?
       ¡Ay si os hallase!

Rey
(Con gran soltura
y jovialidad.)   No tal.
       Al encontrarse conmigo,
       me abrazará como amigo
       su majestad imperial.

Doña Leonor   ¡Qué cosas decís!... Tan presto
       vuestro carácter cambiáis,
       y ya de burlas tratáis
       con jovial y alegre gesto;
       ya profundo, serio, grave,
       de infortunios y disgustos,
       de desgracias y de sustos,

	que lo que sois no se sabe,
	ni cosa posible es
	entenderos. ¡Ay de mí!
	Decid, don Juan: ¿es así
	todo el que nace francés?
Rey	Con diferencia muy corta;
	mas yo, ¿en qué me contradigo?
Doña Leonor	
(Apurada.)	¿No es contradecirse, digo,
	que el que dice que le importa
	tanto, tanto, el ocultarse,
	al emperador no tema
	y diga con tanta flema
	que con él ha de abrazarse?
Rey	Si hallarme con él conviene...
Doña Leonor	Mas ¿conocéis...
Rey	¿Qué, Leonor?
Doña Leonor	...al augusto emperador?
Rey	El es quien aquí me tiene.
Doña Leonor	Dejad las burlas; decid:
	¿sabe, pues, su majestad
	quién sois...?
Rey	Por su voluntad
	estoy viviendo en Madrid.

Doña Leonor (Levantándose incomodada.)
        Hombre todo confusiones,
        todo enigmas y misterios,
        que de disgustos tan serios,
        de tantas tribulaciones
        me estáis abrumando el alma,
        ¿qué de esta infeliz queréis...?
        De mi amor más no abuséis
        con esa malicia y calma.
        Ya galán, ya enamorado,
        ya tierno, frívolo ya,
        indiferente quizá,
        ya celoso, ya indignado,
        peligros fingiendo ahora,
        gran poder mostrando luego,
        uniendo el mando y el ruego,
        semblantes mil en un hora,
        ¿quién os ha de comprender?

Rey (Arrojándose a sus pies muy rendido.)
        ¡Oh soberana beldad,
        oh mi encanto, perdonad;
        ni yo me puedo entender!
        Tan solo sé que os adoro;
        si correspondido estoy,
        el más venturoso soy,
        y vos mi único tesoro.
        Tuve celos, lo confieso;
        mas del pecho los borré,
        porque quién sois, Leonor, sé;
        y os amo con tal exceso,
        que el aura sois que respiro,

	la vida que me sustenta,
	encanto que me alienta,
	la sola dicha a que aspiro.
Doña Leonor (Levantándolo con gran ternura.)	¡Ah!... Levantad, yo os lo ruego. Si tan dichosa lográis hacerme, ¿por qué os gozáis en atormentarme luego?
Rey	Sí, os adoro. Mas, Leonor, ¿no será, acaso, muy tarde...? Porque es fuerza que me guarde, no venga ya aquel señor.
Doña Leonor	La primera vez es ésta que tanta prisa mostráis.
Rey	¡No sé cómo lo extrañáis!
Doña Leonor	¿Ya el estar aquí os molesta?
Rey (Aparte.) (Alto.)	Ya deshaciéndome estoy. ¿Pues dónde, dueño adorado, vivo sino a vuestro lado? ¿Dónde venturoso soy? Mas el sobresalto justo que de un encuentro tenéis evitar quiero. Ya veis que mi anhelo es daros gusto.

(Sale Anacleta, apresurada.)

Anacleta	Señora, que es tarde ya;
	ha despertado el señor,
	y si siente algún rumor,
	tal vez se levantará.
Rey	¿Lo veis?
Doña Leonor	¡Oh don Juan!
(A Anacleta.)	Avisa
	para que baje el criado
	sin estruendo y con cuidado,
	y dale a Leonarda prisa.
(Vase Anacleta.)	Y vos, don Juan, por aquí,

(Le conduce a la puerta.)

                    sin olvidar cuánto os quiero,
                    y que de pena me muero
                    cuando os separáis de mí.
                    Y pues sois noble y discreto,
                    de cuanto os he revelado
                    espero será guardado
                    el más profundo secreto.
                    Hasta mañana; id con Dios,
                    y retiraos con juicio;
                    haced este sacrificio
                    por los que yo hago por vos.

Rey	¡Oh Leonor angelical!
	Sois un celestial tesoro,
	que con alma y vida adoro
	un amor sin igual.
(Aparte.)	¡Qué peregrina mujer!
	Harto engañarla me pesa.

(Vase.)

Doña Leonor (Aparte.) ¡Cuánto este hombre me interesa!
　　　　　　　　　　El seso voy a perder.

(Vase.)

Escena III

Calle, de noche, y salen el Rey y Pierres, éste cayéndose de borracho.

Rey (Enojado.)	¿Así, bergante, vienes, que en pie derecho apenas te sostienes? ¡Vive Dios, que he de asparte, y la vil borrachera he de quitarte al puros puntillones!
Pierres	Hay tantos escalones... y... tantas lucecitas... Leonarda... ¿son las ánimas benditas?
Rey (Sacudiéndolo del brazo.)	¡Pierres!... ¡Pierres!... ¡Infame!...
Pierres	Todo cristiano exclame... ¡viva...., viva Alaejos! ¡Qué sabor tiene, y qué sabrosos dejos!
Rey	¡Bribón!... Mira... si...
Pierres	¿Estorbo? Dame, chica, otro sorbo.

Rey	¡Pues en muy buen instante tiene tal borrachera este tunante!
Pierres	Vamos...
Rey	¿Adónde?
Pierres	¡Toma!... A la bodega.
Rey (Dale un pescozón.)	¡Pícaro!
Pierres	No me empuje..., que el paso no se niega, y... mire el alicruje...
Rey (Trabándolo de un brazo.)	¡Calla, bribón!
Pierres	Leonarda, si en la bodega hay guarda..., yo... ¡Que viva Alaejos, aunque sepa a la pez de los pellejos! Yo... diré...
Rey (Le da cachetes y empujones.)	¡Toma, toma!
Pierres (Cae al suelo.)	¡Ay, cuánta luminaria! Ande la broma.
Rey	¡Mal hayan él y el vino!

Pretender levantarlo es desatino.
¡Gran bribón! Por fortuna,
aún no ha dado la una.
Hasta el amanecer no he de tornarme
a la prisión, pues tengo de encontrarme
con mi enemigo; y en durmiendo un rato,
volverá en sí tal vez el mentecato.
Mas de esta calle en medio
va a servirme de estorbo sin remedio.
¡A muy buena ocasión se ha emborrachado!
Arrimarlo hacia un lado,
detrás de alguna esquina junto al muro,
será más conveniente y más seguro.

(Se inclina a tierra, hace varios esfuerzos por levantar a Pierres y, no pudiéndolo conseguir, lo lleva arrastrando por los pies al fondo de la escena, donde lo deja a la vista.)

¡Pícaro!... ¡Lo que pesa!... Si contigo
el infierno cargara... Yo maldigo
a la humana criatura
que se atreve a beber más que agua pura
porque un borracho infama
cuanto en el orbe racional se llama.

(Vuelve al centro de la escena, y se pasea en silencio un instante, continuando, después de breve pausa:)

No de armados ejércitos al frente,
del mundo asombro, a quien concede o niega,
por capricho, el triunfar fortuna ciega,
humillando tal vez al más valiente,
sino solo y sin nombre, aquí impaciente
tu valor mano a mano a probar llega

                    (que a un lance oscuro su venganza entrega)
                    mi noble arrojo, ¡oh Carlos prepotente!
                    Nada me importa, nada, de Pavía
                    el desastre, ni el verme prisionero,
                    si muestro aventajarte en bizarría;
                    si aquí, de caballero a caballero,
                    rinde a mis plantas hoy la espada mía
                    a ti, dominador del orbe entero.

(Se pasea, y luego se para de pronto..)

                    Oigo pasos. Vienen dos.
                    ¿Si será...? Será, sin duda.
                    ¡Oh suerte!, mi esfuerzo ayuda.
                    El es, sí, gracias a Dios.
                    Me retiraré a este lado
                    para dejarle llegar.

(Se retira. Salen embozados el Emperador y Tomate.)

Emperador
(Deteniéndose
a la salida.)   Un hombre he visto cruzar.

Tomate   Allí enfrente está parado.

Emperador   ¿Uno solo?

Tomate (Observando.)   Señor..., sí.

Emperador   Pues quédate tú entre tanto,
                         que yo solo me adelanto,
                         y no te muevas de aquí.

Tomate	Señor, mientras uno sea...
Emperador	Tomate, aunque fueren ciento, bastan mi espada y mi aliento.
Tomate	¿Y si se armase pelea...?
Emperador (Resuelto.)	Quieto tú sin respirar. Si a darme ayuda te atreves, si un paso de aquí te mueves, ¡vive Dios!, que te hago ahorcar.

(Se adelanta.)

Tomate (Aparte.)	No me moveré, a fe mía, aunque el encargo no hiciese; y si acaso me moviese, para ir más lejos sería.
Rey (En voz alta.)	¡Ah buen hombre!
Emperador (Con sorna.)	¿Nada más?
Rey	¡Hidalgo!
Emperador	Más alto estoy.
Rey	¡Caballero!
Emperador	Sí. Lo soy.
Rey	Volved al momento atrás.

Emperador   Y eso, ¿quién lo manda?

Rey
(Adelantándose
resuelto.)   Yo.

Emperador   Pues yo me empeño en pasar.

Rey   Será después de lidiar.
                             que de otra manera no.

Emperador
(Con calma.)   Y el valiente, ¿es caballero?

Rey (Con calor.)   Tanto, lo juro, cual vos.

Emperador   Pues entonces, ¡voto a Dios!,
                             ¿por qué está ocioso el acero?

Rey
(Desenvaina
la espada.)   Ya en mi diestra ardiendo está,
                             rayo de la quinta esfera.

Emperador
(Desenvaina
la espada.)   Pues ya mi espada lo espera,
                             y ese rayo apagará.

(Riñen.)

Rey
(Aparte; riñendo.)   ¡Qué corazón..., qué destreza!

	Merece el cetro del mundo.
Emperador (Aparte.)	¡Qué denuedo sin segundo!... Persona es de gran nobleza.
Rey (Aparte.)	Con trabajo me defiendo.
Emperador (Aparte.)	Este hombre a herirme no tira... Solo a desarmarme aspira.
Rey (Aparte.)	No logro lo que pretendo.
Tomate (Desde su puesto.)	Señores, la ronda viene.
Rey (Retirando la espada.)	¿La ronda?
Emperador (Observando un momento.)	La ronda es. Dejad que pase, y después...
Rey (Envaina la espada.)	De ella salvarme conviene. Y pues tan señor os vi, y que lo soy no dudáis, espeto no permitáis que me persigan a mí. Quedaos, que vos no teméis el que aquí la ronda os halle, y mañana en esta calle por la noche me hallaréis.

(Vase.)

Emperador   Confuso quedo a fe mía.
¿Quién es, ¡cielos!, este hombre?...
No es extraño que me asombre
tal destreza y valentía.
Sabe quién soy; claramente
¡Dios eterno!... ¿Será...? No.
Es imposible.

Tomate
(Acercándose.)   Esa gente
llega ya.

Emperador
(Envaina la espada.)   Guardo la espada.
Manténte quieto a mi lado
en el gabán embozado,
y no respondas a nada.

(Se emboza.)

Alcaide (Dentro.)   Cercadlos, cercadlos luego.
Ninguno se ha de escapar,
y si lo osan intentar,
usad las armas de fuego.
Nada vuestro ardor reporte,
pues, ¡vive el rey!, que no en balde
ha de rondar un alcalde
de su casa y de su corte.

(Sale el Alcalde con Alguaciles y ronda con linterna, y rodean la escena, quedando en medio de ella, embozados y en silencio, el Emperador y Tomate.)

Alcaide
(Mostrando la vara.) A la Justicia os rendid.

Emperador
(Sin descubrirse.) A la Justicia rendidos
estamos.

Alcaide
(A los Alguaciles.) Reconocidos
sean al punto. Sus, venid
con la linterna.

Emperador Os suplico,
señor alcalde, seáis
vos quien me reconozcáis.

Tomate (Aparte.) Se va a quedar tamañico.

(Toma el Alcalde la linterna, la acerca al Emperador, éste se desemboza y el Alcalde cae de rodillas, y lo mismo toda la ronda.)

Alcaide ¡Cielos!... ¡El emperador!

Emperador
(Con gravedad,
después
de breve pausa.) Alcalde, del suelo alzad;
alce la ronda y callad.

(Se levantan todos.)

Alcaide Perdón os pido, señor,
si he disturbado...

Emperador	No, a fe. Antes estoy satisfecho de todo cuanto habéis hecho, y ese celo premiaré.
Alcaide	Yo... cuchilladas creí escuchar hacia este lado...
Emperador	No os habéis equivocado, sonaron, alcalde, sí, porque a propósito yo con este mozo el ruïdo hice, por ver advertido si vigilabais o no.
Alcaide (Ufano.)	La vigilancia es mi norte.
Emperador	Con gusto vi que no en balde ronda a Madrid un alcalde de mi casa y de mi corte. No os defengáis, continuad.
Alcaide	Señor, ¿queréis que con vos...?
Emperador	No. buen alcalde; id con Dios.

(El Alcalde y toda la ronda hacen reverencia y van a marchar por el lado por donde se fue el Rey. El Emperador los detiene y les indica el lado opuesto.)

Por aquella calle echad.

(Vanse el Alcalde, Alguaciles y ronda.)

                        No se quejará, a fe mía,
                        mi contrario de que no
                        le guardo la espalda yo,
                        cual pide su valentía.

Tomate   Señor, ¿quién será ese bravo...?

Emperador   No lo sé, ni hay quien lo diga.

Tomate   Que la ronda le persiga
                        y dará con él al cabo.

Emperador   No; que grave infamia fuera.
                        Mañana le encontraremos,
                        y...

Tomate   Qué, ¿otro lance tendremos?

Emperador   Me dijo que aquí me espera.
                        Mas recoge el bandolín,
                        que, aunque me parece tarde,
                        temo que mi Elvira aguarde,
                        y llegar quiero al jardín.

Tomate (Va como a recoger el bandolín y un ronquido o bostezo de Pierres le detiene.)
                        Señor..., ¿no escuchaste?

Emperador   ¿Qué?

Tomate (Asustado.)   Por aquí un hombre ha de estar.

Emperador
(Escuchando.)   Cierto. Le oigo respirar,

	mas ningún bulto se ve.
Tomate	Tal vez junto a alguna puerta...
Emperador	En redor examinemos...

(Buscan cada uno por distinto lado.)

Tomate (Tropezando con Pierres)	Señor, aquí lo tenemos. Es una persona muerta.
Emperador (Acercándose.)	¿Muerta?
Tomate	No, que es un borracho. Está en un lago de vino revolcándose el cochino. Será algún perro gabacho,
Emperador	¿Si habrá entendido...?
Tomate	Imposible. Es un tronco. ¡Hola, tonel!

(Le da con el pie.)

Pierres (Revolcándose.)	Arre allá, que escupo hiel, y tengo un vino terrible.
Tomate	¡Ay señor!, que es un francés, del rey de Francia el bufón.

Emperador
(Sorprendido.) ¿Qué dices?... ¡Oh confusión!

Tomate Sí, lo reconozco; él es.

Emperador ¡El es, y su amo, sin duda,
quien conmigo ha peleado!...
Fuerza es ya que a este menguado
para indagar algo acuda.
(Acércase a Pierres.) ¡Hola!, levante el bribón.
Quién es al punto nos diga.

Pierres
(Quedando sentado
en el suelo,
después de
muchos esfuerzos.) Poco a poco..., a mí me obliga
solo... el señor Alarcón.

Emperador Pues yo soy. ¿Cómo está aquí?

Pierres Bebido.

Tomate
(Sosteniéndole.) ¡Gran animal!

Pierres Porque puede cada cual...
Y... al cabo..., ¿quién manda en mí?
Pues con jamón y alaejos,
cualquiera... Digo..., ¿me entiende?
Cualquiera..., cuando desciende
de padres cristianos viejos...

Emperador	No contesta acorde a nada.
Tomate	¡Cuál está!
Emperador	Diga: ¿y su amo?
Pierres	Viene de noche... al reclamo de una niña remilgada.
Emperador	¿De quién?
Pierres	Muy linda es Leonor.
Emperador	¿Quién?
Pierres	Yo..., y todo..., la doncella Leonarda..., también muy bella, Elvira..., comendador..., Anacleta...
Tomate (Al Emperador.)	¿No lo escuchas?
Emperador	Harta luz nos está dando, y voy con ella aclarando, Tomate, verdades muchas.
Tomate	Preguntad.
Emperador	¿Y el rey?
Pierres	¿Ahora? No sé que yo en el fogón de Leonarda.

Tomate	¡Qué bribón!, y ella, ¡qué infame traidora!
Emperador (Con impaciencia.)	¿Dó está el rey?
Tomate (Agarrando de una oreja a Pierres.)	Dilo, gabacho.
Pierres	Señor Alarcón, afloje y la oreja no me moje, que se me ajuma el mostacho.
Emperador	Dime: ¿tu amo...?
Pierres	Ahí estará, o... en la torre... Más de un mes salimos así... Después volvemos ambos allá.
Emperador (Desesperado.)	Té voy a matar, tunante.
Pierres	¡Quia!
(Se vuelve a tender.)	
Tomate (Levantándolo y poniéndolo en pie.)	Levanta.

Pierres   Ya voy..., so.

Tomate
(Sin soltarlo.)   Tente, Pierres.

Pierres   Ese es yo.

Tomate
(Lo empuja.)   Anda, pícaro, adelante.

(Vuelve a caerse Pierres.)

Emperador
(Aparte; paseándose.) Ya todo está descubierto;
                        y es, sin duda, el rey de Francia
                        el que con tanta arrogancia
                        aquí me buscó encubierto,
                        y no es la noche primera
                        que ha salido de la torre;
                        es quien las calles recorre
                        armando tanta quimera,
                        y es también el rondador
                        que tantos celos me daba.
                        ¿Doña Elvira lo ignoraba,
                        y también doña Leonor...?
                        ¡Cielos!... ¿Si se habrá fugado...?
                        ¿Por qué al bufón dejó así...?
                        ¿Como otras noches, de aquí
                        habrá a la torre tornado?
                        Mas ¿Hernando de Alarcón...?
                        Hasta que amanezca el día
                        no cesará el ansia mía
                        ni mi inquieta confusión.
(Pausa.)   Aunque esta noche haya vuelto,

                    como hizo las anteriores,
                    ¿quién aquieta mis temores
                    de que, a fugarse resuelto,
                    no lo verifique acaso
                    mañana mismo, de modo
                    que dé en tierra mi plan todo?
                    Fuerza es atajarle el paso,
                    y, aunque a fuer de caballero
                    debo esperarle mañana,
                    la diadema soberana
                    me impone un deber primero.
                    Su fuga, antes del tratado,
                    a la Europa conmoviera,
                    y la Europa toda entera
                    su reposo me ha fiado.
                    De caballero a la ley
                    no por esto he de faltar,
                    pues juro le he de retar
                    de hombre a hombre y rey a rey.
                    Después que esté libre y fiero,
                    cuando no sospeche el mundo
                    que mi valor sin segundo
                    se ejerce en un prisionero.

(Después de breve pausa dice a Tomate:)

                    Tomate, carga con él.
                    Pues si la ronda volviese
                    y, cual debe, lo prendiese...

Tomate   Que se lo lleve Luzbel.

Emperador   No; que es fuerza prevenir
                    un empeño. Allá, en la esquina

                    que está a la torre vecina,
                    lo puedes dejar dormir,
                    pues conviene; no recuerde
                    que con nosotros habló.

Tomate   Nada recordará, no,
                    que está su zorra muy verde.

(Hace esfuerzos para cargar con Pierres.)

Emperador   Y cuidado con guardar
                    secreto de cuanto has visto.
                    Si se sabe, ¡vive Cristo!,
                    te mando al momento ahorcar.

Jornada tercera

Escena I

Aposento del Rey, que le sirve de prisión en la torre de los Lujanes, y aparece el Rey, solo.

Rey (Se pasea.)
    No ha sido poca fortuna
    que ese pícaro bergante
    no me haya comprometido
    con su borrachera infame.
    Por más que me ha asegurado
    que no lo había visto nadie,
    que no habló a ningún viviente
    mientras estuvo en la calle,
    y que se vino a la torre
    antes que el alba sonase,
    he pasado todo el día
    hundido en ansias mortales.
    Mas pues que llega la noche
    sin incidente notable,
    pienso que verdad me ha dicho,
    y mi temor se deshace.
    Y pues nada se trasluce
    de mis nocturnos solaces,
    solo anhelo ya la hora
    de verme libre en la calle;
    que esta noche más que nunca
    me es el salir importante,
    y obligaciones me llaman
    de que no puedo excusarme.

(Pausa.)
    ¡Qué prodigio de hermosura!,
    ¡qué portento de donaire!,
    ¡qué asombro de entendimiento!,

¡qué tesoro de bondades
es doña Leonor!... La adoro,
y el corazón se me parte
al ver que me corresponde
con la candidez de un ángel;
pues lo mismo que sería
la dicha más inefable,
la ventura más preciosa,
la felicidad más grande
para mí, si rey no fuese,
ser yo rey lo torna y hace
mi más terrible martirio,
mi infierno más espantable,
poniendo entre ambos, ¡oh suerte!,
una barrera de tales
circunstancias, que es de bronce
para impedir nuestro enlace,
y es de cristal transparente
para que yo los quilates
de su virtud y hermosura
mire, mida, aprecie y ansíe.
La corona adorna y ciñe
la cabeza, pero parte
el corazón y lo aprieta,
y su rico cerco es cárcel
de los afectos del alma,
de do no pueden fugarse.

(Pausa.) ¡Ojalá nunca mis ojos
vieran cruzar esta calle
a Leonor! ¡Nunca mis cartas
hasta su cielo llegasen!
Pensé que burlar podía
y distraer mis pesares,
sin interesar mi pecho

con ella, porque, ignorante,
no conocía los dotes
que la adornan celestiales.
No; no merece Leonor,
tan discreta, tan amable,
tan tierna, tan expresiva,
tan honesta y tan amante,
que más fingimientos tise,
que por más tiempo la engañe,
perdiéndola en esperanzas
que no pueden realizarse.
Mas, ¡cielos!, ¿cómo aventuro
el decirlo.... el declararme?...
Envenenado cuchillo
que el corazón va a rasgarle
serán, ¡ay Dios!, mis palabras,
porque desengaños tales
que un encanto de delicias
y de ilusiones deshacen,
destrozan aún más que curan,
y más que alivian abaten.
Y yo ¡con cuántos martirios,
congojas, penas, afanes,
ansias, tormentos, dolores,
llantos, despechos, pesares
daré pasó a una palabra
y acentos con ella al aire,
que, al tiempo que a Leonor hieran,
es fuerza que a mí me maten!
Mas preciso es resolverme,
que el fingimiento es ya infame,
y perderse debe todo,
y todo sacrificarse
por salvar la honra y el nombre,

(Se pasea.)   y prevenir un desastre.
Esta obligación cumplida,
saldré sin que lo retarde,
a ver si acaso consigo
darle fin al raro lance
que dejé empeñado anoche.
¡Mal hayan ronda y alcalde,
que a lo mejor me estorbaron
dar realidad a mis planes!
Y ¡qué bien la espada empuña
el César! ¡Qué bien combate!
Por más esfuerzos que hice
fue imposible desarmarle.
Apuremos esta noche,
que, sin duda, ha de esperarme,
pues quién soy no ha traslucido,
ni quién le ha retado sabe,
si aún me es contraria fortuna
o si está ya de mi parte.

(Sale Pierres.)

Pierres   Ya que la tarde pasó
sin ocurrir novedad,
veréis, señor, que es verdad
cuanto os be contado yo.

Rey   ¡Calla, Pierres; calla, vil!
A ti y al vino maldigo.

Pierres   Y qué, ¿vuestra alteza, digo.
le echa acaso en el candil?

Rey   No vengas con gracias, ¡ea!,

	que para gracias no estoy.
Pierres	Callaré, puesto que hoy tan alta está la marea.
Rey	Trae luces, que ya anochece, y no tardará Alarcón.
Pierres	En cuanto da la oración como vestiglo aparece.

(Vase.)

| Rey | Si hoy dejo desengañada
a Leonor, y a todo trance
doy el fin que busco al lance,
quitando al César la espada,
no salgo más. ¿Para qué,
si soy tan desventurado,
que solo penas he hallado
en lo que alivios busqué?
La paz por horas aguardo.
No sé si mi madre halló
algún reparo, o si urdió
el César nuevo retardo.
Hasta ver su conclusión
a salir de aquí no vuelvo,
que a esperarla me resuelvo
con paciencia en mi prisión. |

(Vuelve Pierres con dos candeleros, que pone sobre la mesa.)

| Pierres | Ya tenéis aquí las velas
y, si yo no me equivoco, |

                              al viejo dentro de poco,
                              que oigo sonar sus espuelas.

Rey (Se sienta.)   Ahora me aseguraré
                              por su semblante y su hablar,
                              si es que del todo aquietar
                              tantas zozobras podré.

(Entra Hernando de Alarcón.)

Alarcón
(Con mucho respeto,
deteniéndose.)   ¿Vuestra alteza me permite...?

Rey (Levantándose.)   Entrad, señor de Alarcón.
                              ¿Quién a tan noble varón
                              con grande placer no admite?

Alarcón
(Adelantándose.)   Siempre me honra vuestra alteza.

Rey   Siempre os estimo y venero
                              como a valiente guerrero
                              dechado de la nobleza.
                              Sentaos.

(Siéntase el Rey.)

Alarcón   Mil gracias os doy.
                              En pie, como es justa ley
                              estar delante de un rey,
                              para serviros estoy.
                              Y ¿cómo ha pasado el día
                              vuestra alteza?

Rey	Triste asaz.
Alarcón	Acaso pronto la paz
vendrá a darle la alegría.
Y vuestra alteza, ¿ha comido
con apetito?
Rey	Tal cual,
mas siempre se come mal
a esta quietud reducido.
Alarcón	Pronto en libertad, señor,
gozaréis...
Rey	Dios lo permita,
que ya se agosta y marchita
de mi juventud la flor.
Alarcón	¿Vuestra alteza ha menester
algo, o exige de mí
algún servicio?... Que aquí
obsequiarle es mi deber.
Rey	Con mi gratitud contad,
alcaide cortés y humano;
pero no está en vuestra mano
lo que ansío: mi libertad.
Alarcón (Aparte.)	Se me parte el corazón,
mas no atisbe mi flaqueza.
(Alto.)	¿Me manda algo vuestra alteza?
Rey (Levantándose.)	Buenas noches, Alarcón.

(Alarcón registra con los ojos la estancia y vase, y en seguida se oyen la llave, el cerrojo y la barra.)

Pierres   Echa llaves y cerrojos,
                         viejo cara de vinagre.
                         ¡No te comiera el usagre
                         desde los pies a los ojos!

Rey   Ese anciano vale mucho.
                         Habla de él con más respeto.

Pierres   Será excelente sujeto,
                         mas tiene cara de chucho.
                         Y en un año que aquí asisto
                         ni tan siquiera una vez
                         su rostro de airado juez
                         con una sonrisa he visto.

Rey   Es cierto que nunca ríe.

Pierres   Pues de rostro tan extraño
                         que vive sin risa un año,
                         el demonio que se fíe.
                         Y tiene las fieras garras,
                         más que su semblante, duras.
                         Aún conservo mataduras
                         de aquella tarde de marras.

Rey   ¿De qué tarde, majadero?

Pierres   De aquella que me agarró
                         este brazo, porque no
                         me quité pronto el sombrero.

Rey	Hizo bien, que el heroísmo
con que noble resplandece
gran veneración merece,
y se la tengo yo mismo.
Mas pues quiso la fortuna
que tu traidora embriaguez
no haya tenido esta vez
mala consecuencia alguna,
vámonos pronto a vestir,
que yo esta noche quisiera,
por si acaso es la postrera,
algo más pronto salir.

(Vanse.)

Escena II

Calle, de noche. Salen el Emperador, el Conde y Tomate, embozados.

Emperador	Espera, conde, un momento,
que pues tan solo de ti
los proyectos he fiado
que esta noche he de cumplir,
aún tengo otro encargo nuevo
que darte, si en el jardín
logro entrar para que tenga
todo término feliz.
Conde	Señor, tan solo serviros
es lo que me toca a mí,
dándome por muy dichoso
si acierto siempre a cumplir
vuestros supremos deseos.

> Seguro de esto vivid.
> Ya está advertido el alcalde,
> y vendrá sin falta aquí
> al primer aviso.

Emperador   Conde,
supongo que ignora el fin,
y que sin órdenes tuyas
nada, nada hará por sí.

Conde   Nada, señor.

Emperador   Suele el celo
importuno destruir
los más concertados planes
del ingenio más sutil,
y temo...

Conde   No temáis nada.
No dará un paso sin mí.

Emperador   Yo en tu lealtad y secreto
apoyo, conde, este ardid
con que empeños grandes tengan
seguro y honroso fin.
Y tú, Tomate, ¿aseguras
que con su saya y monjil,
y sus reverendas tocas,
de veras nos va a servir,
sin vendernos, esa dueña?

Tomate   Segurísimo estoy, sí;
porque he sabido enredarla
con más artes que Merlín.

Emperador   Repite, porque oiga el conde,
cómo te has compuesto.

Conde   Di.

Tomate
(Se desemboza.)   Empecé, señor, mi ataque
llamándola serafín
y diciéndole, amoroso,
que era su cuello marfil;
Perlas, sus dientes; su rostro,
azucenas y carmín;
Y a una maraña de canas.
que tizna con sucio hollín,
la llamé, ¡Dios me perdone!,
madeja de oro de ofir.
Mas lo que la puso loca
(tanto, que estuvo en un tris
que una carcajada mía
descompusiera el ardid)
fue el decirle yo muy serio
que era más fresca que abril,
y que tinos treinta tendría,
pero treinta sin cumplir.
Ya me la juzgué rendidal
mas cuando empecé a decir
que a una invención me ayudara
para entrar en el jardín
con dos o tres amigotes
esta noche misma, sin
que nadie, nadie lo oliese,
se me rechifló, y hostil
a mis proyectos se opuso

                         más brava que un puerco espín.
                         Torné a la carga, mostréla
                         el bolsón con los dos mil,
                         y por remachar el clavo
                         (que fue ocurrencia feliz)
                         tuve, señor, la osadía
                         (¡Dios me la perdone!, sí)
                         de ofrecerle ser su esposo
                         con seis mil maravedís
                         de renta, porque la amaba
                         con ardiente frenesí.

Emperador
(Riéndose.)   Gran valor fue, ciertamente,
                         que no lo tuviera el Cid,
                         porque la tal dueña, conde,
                         no es mujer: es jabalí.

Conde   Ocurrencias de Tomate.
                         Y ella, ¿consintió? Decid.

Tomate.   A la voz del casamiento
                         y del oro al retintín,
                         ¿cómo pudiera la bruja
                         ni un instante resistir?,
                         Más mansa que una cordera
                         dijo, que solo por mí,
                         pues estaba muy prendada
                         de mi persona gentil,
                         a todo se prestaría;
                         como con siniestro fin
                         y con miras deshonestas
                         no fuese el enredo, y sí
                         un chasco puro, inocente.

| | para burlar y reír.
             Todas las seguridades
             a sus escrúpulos di,
             y me ofreció maravillas
             de su diablura dueñil.

Conde | ¿Y al cabo...?

Tomate | Encargóme mucho
             no tocase el bandolín
             para que ignore Leonarda
             y cuantos viven allí
             el enredo. Y ofrecióme
             ella en persona salir
             para conducirme luego
             con gran recato al jardín.

Emperador | Pues me parece que tarda
             ya la maldita en venir.

Conde | El que espera, desespera.

Emperador
(A Tomate.) | Es que si nos halla aquí...

Tomate | Aun no es la hora en que acostumbra...

Emperador
(Observando.) | Alguien viene... ¿No advertís?

(Sale Anacleta muy tapada con su manto y se queda a la entrada.)

Anacleta | Sin duda que mi Tomate
              con los suyos está allí.

	A acercarme no me atrevo,
	pues son tres hombres... ¡Chits, chits!...
Tomate	Ya está en campaña la bruja.
	A ella me voy.
(Se acerca	
a Anacleta.)	Serafín,
	¡qué impaciente os aguardaba!
	Nada receléis, venid.
	Aquéllos son los amigos.
Anacleta	¿Y es gente segura?, di.
Tomate	¿Cómo segura?
Anacleta	Sintiera
	que algún pícaro ruin
	de la oscuridad valido...
Tomate	Un San Francisco de Asís
	es cada uno de esos hombres.
Anacleta	Fuera un rayo para mí
	cualquiera acción deshonesta,
	cualquiera palabra vil;
	una mirada atrevida,
	el más pequeño desliz,
	que, aunque de dueña me visto,
	doncella soy; eso, sí.
Tomate	No temáis nada, llegad.
Anacleta	Que vengan ellos aquí,
	pues estando todo listo,

                            mis pasos pueden seguir.

Tomate
(Acercándose
al Emperador.)   Señor, no perdamos tiempo.
                      A punto está todo.

Emperador   Oíd,
                      conde.

Conde   Señor...

Emperador   Está alerta
                      con mucho recato, sin
                      que nadie, nadie te atisbe;
                      muy escondido. Y así
                      que entre el hombre, en el momento
                      a despertar has de ir
                      a aquel sujeto que sabes,
                      y a conducirlo al jardín;
                      pero sin decirle nada
                      de por qué le llamo aquí.

(Sigue hablando al Conde en secreto.)

Anacleta (Aparte.)   Creerán que me mamo el dedo,
                      y no hay diablo tan sutil
                      que a mí me dé dado falso.
                      Ya sé que voy a servir
                      al emperador en esto,
                      que es aquel mozo gentil
                      que a doña Elvira enamora.
                      Desde el punto en que lo vi
                      la primer noche, al momento

	quién era reconocí;
	y del presente fregado
	algo he de sacar al fin.
	De quien saber no he podido
	nada, nada, ¡pese a mí!,
	es de aquel señor franchute
	que anda hecho un marramaquiz
	con doña Leonor. Mas huelo
	que no es un grano de anís,
	pues toda esta zalagarda
	contra él se va a dirigir.
Conde	Descuidad, señor, por todo.
Emperador (Vase.)	Descuidado quedo en ti.
	Vámonos pronto, Tomate.
Tomate	Tras de la bruja seguid.

(Vase con Anacleta.)

Escena III

Sala particular con sillas y mesa, y en ella dos candeleros con velas encendidas, y salen Doña Leonor, afligida, y Doña Elvira.

Doña Elvira	En mal hora, prima mía,
	de tu tierno corazón
	se apoderó esta pasión
	que consume tu alegría,
	llenándote de aflicción.
	¡Oh, cuánto mejor estabas,
	cuando libre y desdeñosa
	de los amores burlabas

                            y tan alegre y hermosa
                            a todo hombre despreciabas!
                            ¡Ay!... Te desconozco, sí.
                            Tu triste estado me inquieta.
                            Mira. Mi Leonor, por ti;
                            y pues eres tan discreta,
                            remedia u frenesí.
                            Pasas infeliz las horas
                            en mudo desasosiego
                            con que tu pecho devoras.
                            Que mires por ti te ruego..
                            ¿Nada me dices?... ¿Y lloras?

Doña Leonor   ¡Ay prima!, ¿qué he de decir?
                            Estoy tal que no me entiendo;
                            y mientras que más pretendo
                            sobre mi afán discurrir,
                            menos su rigor comprendo.
                            Este don Juan..., ¡loca estoy!,
                            tan galán y tan afable,
                            tan rendido, tan amable,
                            de quien con el alma soy,
                            es un ente inexplicable.
                            De que me ama, y mucho, Elvira.
                            tengo gran seguridad;
                            muy grande, prima, en verdad;
                            y sobre ella, ¡ay de mí!, gira
                            mi aflicción y mi ansiedad,
                            pues lo mismo que debiera
                            de mis dichas fundamento,
                            de mis venturas cimiento
                            ser, quiere la suerte fiera
                            sea causa de mi tormento.

Doña Elvira	¡Ay Leonor...!
Doña Leonor	Sí, sí; me adora. Las mujeres conocemos cuándo un alma poseemos, y esta certeza es ahora motivo de mis extremos.
Doña Elvira	Pues qué te aflige no sé.
Doña Leonor	Que poseyendo su amor y amándolo yo, ¡oh rigor!, una cosa oculta hay que nos llena a ambos de dolor.
Doña Elvira	¿El es libre?
Doña Leonor	Sí; lo jura, y al jurarlo no mintió.
Doña Elvira	¿Es noble?
Doña Leonor	¿Quién lo dudó?
Doña Elvira	Pues entonces, ¿qué te apura?
Doña Leonor	Si tampoco lo sé yo. Hay un enigma en don Juan, un misterio impenetrable, no sé qué incomunicable; pero tan oscuro y tan raro, nuevo, inexplicable, que él no lo sabe decir ni yo lo sé adivinar;

| | que él no lo puede ocultar
                 ni yo dejar de advertir.

Doña Elvira   Es confusión singular.

Doña Leonor   Y de aquí nace esa extraña,
               esa variación constante
               de carácter y semblante,
               con que me confunde y daña,
               sin piedad, a cada instante.
               Mas como en tal variedad
               de gesto y conversación
               siempre arde una pasión
               llena de honor y ansiedad
               descubro en mi corazón,
               loca, te lo juro, estoy,
               y de dolor abrumada,
               y perdida enamorada;
               mas sin saber dónde voy.
               por un encanto llevada.

Doña Elvira   Pues juzgo, Leonor, forzoso
               que, por mucho que te aflija,
               tu amor decidido exija
               de galán tan misterioso
               una explicación prolija.

Doña Leonor   ¡Ay! Estoy en tal extremo,
               que aunque así debiera ser,
               y soy curiosa mujer,
               sondar este abismo temo
               y el tal arcano saber.

(Sale Anacleta)

Anacleta
(A Doña Leonor.) Señora, llega don Juan.
Ya baja a abrirle Leonarda.

Doña Elvira Prima, adiós.

Doña Leonor Elvira, aguarda.

Doña Elvira No, que sube tu galán.

(Vase.)

Anacleta (Aparte.) Empiece la zalagarda.

(Vase. Entra el Rey.)

Rey
(Al entrar,
como hablando
afuera.) Cuidado, Pierres, cuidado.
Si osas el vino mirar,
¡vive Dios!, te has de acordar.
Leonarda, os queda encargado.

Doña Leonor Don Juan, ¿por qué os detenéis?

Rey (Avanzando.) Doña Leonor celestial,
buena y linda sin igual,
ya a vuestras plantas me veis.
Y nunca más anhelante
llegó a veros presuroso
quien solo aquí es venturoso,
vuestro más rendido amante.

Doña Leonor (Se sientan ambos.)	Sentaos. 　　　Con desasosiego aguardé vuestra venida. Estoy hoy tan combatida de este mar en que me anego, que con inquietud y afán, pues vuestra presencia calma los tormentos de mi alma, os esperaba, don Juan.
Rey	Y ¿qué os aflige, Leonor?
Doña Leonor	¿Qué, don Juan...? ¿No lo sabéis...? Esos enigmas que habéis dado a acertar a mi amor. Descifrarlos él no puede, y hecho un mar de confusiones, conjeturas y aflicciones fuerza es que mi pecho quede. Y mi buena fe y ternura no merecen, no, ¡por Dios!, ni tanta reserva en vos, ni en mí tan fiera amargura,
Rey	Leonor, sois la pura estrella tras quien deslumbrado voy, por quien desdichado soy gozando de su luz bella. Estoy tan ciego por ella, que juzgo en el firmamento tener a su lado asiento; y ver no puedo el abismo que debajo de mí mismo

de tanta dicha es cimiento.
El amor puro y ardiente
que os tengo, y el puro amor
con que me hacéis, ¡oh Leonor!,
el más dichoso viviente,
son las causas solamente
de tanta reserva, y tan
oscuro y molesto afán;
y a ambos nos importa, sí,
que es para que yo esté aquí
la reserva el talismán.
Si lo rompo yo imprudente,
si curiosa lo rompéis,
yo quedo y vos quedaréis
sobre el abismo pendiente.
Pues ciego amor no consiente
que se mire en rededor,
porque absortos en su ardor,
y sin mañana, nos quiere,
Leonor, que sea lo que fuere,
obedezcamos a amor.

Doña Leonor   Del amor es el instinto
sus dichas asegurar,
y no anheloso vagar
por un ciego laberinto.
Claro, seguro, distinto
quiere ver delante el puerto,
un fin terminante y cierto,
pues vive de la esperanza;
y amor que a verla no alcanza
es amor que está ya muerto..
Segura de que me amáis
y segura de que os amo,

	saber ansiosa reclamo el enigma que ocultáis. Os ruego me lo digáis, don Juan, sin salir de aquí; notad que vivir así ya no podemos los dos. Quién soy ved, y quién sois vos hablad por vos y por mí.
Rey	Sí, Leonor; voy a apagar de un soplo la luz del Sol, cuyo ferviente arrebol a ambos nos pudo abrasar. Voy mi pecho a destrozar, y a romper el vuestro voy. Resuelto, resuelto estoy a tornar el paraíso en infierno; es ya preciso por vos misma y por quien soy.
Doña Leonor	¡Ah!.... desfallezco... Decid.
Rey	Estoy mortal, ¡oh rigor!
Doña Leonor	Hablad, hablad.
Rey (Resuelto.)	Mi Leonor, no más misterios. Oíd.

(Sale Doña Elvira muy asustada.)

Doña Elvira	¡Ay Leonor! Vengo muerta.
Doña Leonor	

(Levantándose sorprendida.)   Pues ¿qué ocurre?

Rey
(Levantándose sorprendido.)   ¡Señora!

Doña Elvira
                      A nuestra puerta
la ronda está formada,
y la casa allanada,
va a verse en el momento.

Doña Leonor   Mas ¿con qué fin...?

Rey   Señora, ¿con qué intento...?

Doña Leonor
(Muy apurada.)   ¡Infelice de mí!

Doña Elvira (Al Rey.)   Sin duda alguna,
viene a buscaros.

Rey   ¡Pese a mi fortuna!
Yo sabré en todo caso
con mi espada y valor abrirme paso.

(Hace ademán de desenvainar la espada.)

Doña Leonor
(Deteniéndole.)   ¡Don Juan!

Rey   ¡Gran compromiso!

Doña Elvira   Que apeléis a la fuga es ya preciso.

Doña Leonor   ¿Y por dónde podrá...?

Doña Elvira   Si a toda priesa,
                    el jardín atraviesa,
                    por la verja, Leonor.

Doña Leonor   Muy bien pensado.

Rey   Pronto.

Doña Leonor   Pronto.

Doña Elvira.   Venid por este lado.

(Por la parte donde se van a marchar salen precipitados y despavoridos Leonarda y Pierres.)

Leonarda   ¡Ay señores!..., ¡qué miedo!...
            He visto...

Doña Leonor   ¿Qué, Leonarda?

Leonarda   Hablar no puedo.
            He visto... mucha gente
            que el jardín ha ocupado de repente.

Doña Leonor   ¿El jardín?

Leonarda   Sí, señora.

Doña Leonor
(A Doña Elvira,
con viva ansiedad.)   ¿Será, Elvira, tal vez....? Mas no es la hora.

Doña Elvira	No, que hoy al mediodía
	me escribió que esta noche no vendría.
	¡Cielos!..., ¿qué será esto?
Doña Leonor	Ser desdichada yo.
Doña Elvira	
(Con viveza.)	Remedio, y presto,
	buscar es necesario.
Pierres	
(Al Rey, y muy	
precipitado.)	Es el vejete,
	sin duda, el que nos busca y acomete.
	Más gente hay en la calle
	que ha de encerrar de Josafat el valle;
	y en el jardín lo mismo,
	que es de bultos siniestros un abismo.
	Alguaciles, soldados,
	canónigos, letrados,
	y los niños doctrinos,
	y la comunidad de capuchinos,
	y tercios, y escuadrones,
	y cuarenta galeras,
	y las monjas terceras
	con órganos, ciriales y pendones
	en torno nos circundan.
	Por Dios, en algún pozo nos confundan,
	si es que lo hay en la casa,
	mientras la furia del asalto pasa.
	Todo cuanto he cenado está ya acedo,
	y de descomponerme estoy a un dedo.

Rey   ¡Calla, bribón, cobarde!

Doña Leonor   Algún partido
forzoso es abrazar.

(Sale Anacleta.)

Anacleta   Todo perdido
está ya. Me he tardado
hasta ver si quedaba descuidado
algún sitio oportuno
para escapar, y no quedó ninguno.

Leonarda   Tal vez la puerta falsa...

Doña Leonor   Sí, sí, Elvira.

Doña Elvira
(A Leonarda.)   Desde el sobrado mira
si aún está libre, acaso...

(Vase Leonarda.)

Anacleta   Sí; mas notad que es el forzoso paso
para ir al corredor y a la escalera
que a la puerta trasera
baja, y no hay otro...

Doña Leonor
(Con gran
ansiedad.)   Cierto; de mi tío
justamente la alcoba.

Doña Elvira

(Suspensa.)   Sí.

Doña Leonor
(Abatida.)   ¡Ay Dios mío!

Doña Elvira
(Resuelta.)   Está en el primer sueño
                     y tal vez no despierte.
                     Pongamos algo en brazos de la suerte,
                     pasando sin rumor...

Rey (Aparte.)
                                             ¡Oh duro empeño!

Anacleta
(Aparte.)   Iré a ver si el postigo...
                     A dar parte de todo voy ligera,
                     pues que de esta manera
                     las instrucciones que obedezco sigo.
                     ¡Que se me fuese a mí de la memoria
                     que estaba libre aquella escapatoria!

(Vase y sale Leonarda.)

Leonarda   Libre la falsa puerta
                     está, señora, sí. Por ella...

Doña Elvira
(Toma
un candelero.)   Al punto.

Rey
(Deteniéndose,
indeciso.)   ¿Y si ese caballero se despierta
                     y sospecha tal vez...?

Pierres (Aparte.)   Estoy difunto.
                              Ya huelo mal.

Doña Leonor
(Toma el otro
candelero.)   Es fuerza resolverse.

Rey   Vamos.

Leonarda   Pisad más quedo.

Pierres   No hay digestivo que le iguale al miedo.

(Al ir todos a entrar por la puerta del fondo, quedan parados y sorprendidos oyendo la voz del Comendador.)

Comendador
(Dentro.)   ¿Quién trastorna mi casa?
                              ¿Qué es esta confusión? ¿Qué es lo que pasa?

Rey   Ya despertó.

Doña Leonor
(Muy afligida.)   ¡Dios mío!

Leonarda (Asustada.) ¡Ay, que sale señor!...

(Vase.)

Doña Leonor y
Doña Elvira   ¡Cielos, mi tío!

(Huyen despavoridas tirando los candeleros, y queda la escena en tinieblas. El Rey saca la espada y se retira a un lado. Pierres se esconde con mucho miedo detrás de su amo. Sale el Comendador a medio vestir y con la espada desnuda.)

Comendador
(Avanzando lentamente y a tientas.)

¿Quién corre y mata las luces?
¿Quién ha entrado en esta sala?
¿Quién esta calle alborota?
¿Quién este jardín asalta?
¡Vive Dios!, que he de saberlo;
¡vive Dios!, que a cuchilladas
ha de castigar mi brazo
a quien trastorna mi casa.
¡Luces, luces!... Vengan pronto.
¡Hola, Anacleta!... ¡Leonarda!
¡Leonor!... ¡Elvira!...

Rey
                Si acaso
este buen hombre me ensarta
sin querer, quedo servido.
Pondré delante mi espada.

Comendador
(Esgrimiendo a tientas se encuentra con la espada del Rey.)

Ya lo encontré, ya un acero
osa oponerse a mi rabia.
La oscuridad nada importa,
que la embravecida llama

del valor que arde en mi pecho,
del enojo que me inflama,
sobra para que lo encuentre,

(Se cruzan las espadas varias veces, y luego se separan y se pierden. Salen Doña Leonor y Doña Elvira. Leonarda y Anacleta, con luces. El Rey envaina de pronto y se emboza. Pierres se mete debajo de la mesa.)

Comendador
(Al Rey.) ¿Quién sois vos y qué buscáis
a estas horas en mi casa?

Rey
(Con moderación
y sin
desembozarse.) Tened. Soy un caballero
que vuestro amparo demanda.

Comendador ¿Cómo...?

Rey Escuchadme.
(Aparte.) Aquí es fuerza
que de mi ingenio me valga
para poder evadirme
sin descubrir a mi dama.
(Alto y con rapidez.) Señor, me importa ocultarme,
y perseguido sin causa
por la ronda, a vuestra puerta
llegué cansado; al tocarla
para repararme, advierto
que sin cerrar y encajada
paso y refugio me ofrece;
entro, cierro, echo la aldaba,
y buscando ansioso al dueño

                                    por rogarle me ocultara
                                    mientras pasaba el peligro,
                                    siguiendo de luz lejana
                                    las vislumbres, aquí llego,
                                    donde me encuentro a dos damas
                                    haciendo labor; se asustan,
                                    huyen, las luces apagan,
                                    y me quedo amenazado
                                    de vuestro enojo y espada.

Doña Elvira
(A Leonarda,
en secreto
y con viveza.)   Apóyalo, di que abierta
                                    la puerta quedó, Leonarda.

Leonarda
(Poniendo
el candelero
sobre la mesa.)   Señor, perdóname. Es cierto.
                                    que olvidé el echar la aldaba
                                    cuando entrasteis, porque a voces
                                    las señoras me llamaban.
                                    Y estando así no es extraño...

Comendador
(Indeciso.)   ¿Quién...? La prudencia me valga.
                                    ¿Quién que sois un caballero,
                                    quién que os persigue sin causa
                                    la Justicia me asegura?
                                    Y aunque así sea, ¿mi casa
                                    qué inmunidad os ofrece?
                                    Dicho habéis que os importaba
                                    ocultaros, y este dicho

                    despierta sospechas claras.
                    Si sois traidor a mi rey,
                    si enemigo de mi patria,
                    si por crímenes de Estado
                    la Justicia tras vos anda,
                    ¿pensáis que yo en mi conciencia
                    de encubridor y de capa
                    puedo serviros, burlando
                    la acción de las sacrosantas
                    leyes? ¡Jamás!

Doña Leonor
(Al comendador.)   Ya acogido,
                    señor, a tu amparo...

Comendador   Calla,
                    que no entiendes de estas cosas.
(Al Rey.)   ¿Mis reflexiones os pasman?
                    Si por dicha vuestro nombre
                    a satisfacerme basta,
                    ¿por qué lo ocultáis?... Decidlo.

Rey (Dudoso.)   Señor..., ¿mi nombre...? Bastara,
                    bastara, sí; yo os lo juro.

Comendador   ¿Por qué vuestro labio tarda
                    en pronunciarlo?... ¿Quién sois?

Rey
(Desembozándose
y presentándose
con dignidad
en medio
de la escena.)   El rey Francisco de Francia.

Doña Leonor
(Cae desmayada
en brazos de Elvira.)   ¡Cielos!

Doña Elvira
(Colocando
en una silla
a Doña Leonor.)   ¡Leonor!

Comendador
(Sorprendido y
envainando
la espada.)   ¡Grave caso!

Anacleta (Aparte.)   De ocurrencia tan extraña
                     corro con la nueva al punto.
                     Grande ventura me aguarda,
                     pues me encuentro de patitas
                     entre personas tan altas.

(Vase, dejando sobre la mesa el candelero.)

Rey (Aparte.)   ¡Ay de mí!, que un rayo han sido
                     para Leonor mis palabras.

(Alto al Comendador, con dignidad.)

                     ¿Qué os hiela? ¿Qué os petrifica?
                     Si alguna duda os amaga,
                     acercad a mí esas luces.
                     Reconocedme, acercadlas,
                     que no es la primera vez
                     que me visteis cara a cara.

Comendador
(Sosegado
y respetuoso.)   Señor, porque os reconozco
tan gran confusión me embarga,
pues me parece un ensueño,
una pesadilla infausta,
a un rey que está en una torre
verlo a tal hora en mi casa,
en donde forzosamente
le debe de ser negada
la hospitalidad, que el hombre
de menos valor hallara.

(Resuelto.)   ¿Qué es esto?... Si vuestra alteza
la fuerte cárcel quebranta,
de mi rey en deservicio
es y en mengua de mi patria,
y yo soy un fiel vasallo,
y soy español sin tacha,
y la lealtad y la honra...
Harto os digo, señor; basta.

Rey (Turbado.)   Pues qué, ¿intentáis...?

Comendador   Vuestra fuga
sé, vuestra estrella contraria
os pone en mis manos, juzgue
vuestra alteza, pues inflama
la sangre de caballero
su corazón de monarca,
lo que hacer a mí me cumple
para salvar honra y fama.
Y vuestra alteza conozca
el empeño, la desgracia

         con que su regia visita
         me trajo a mí y a mi casa.
         La ronda, que por respeto
         a mi nobleza y mis canas,
         y aun indecisa y turbada
         al cabo vendrá a allanarla,
         y al veros aquí conmigo,
(Con grave entereza.) pues, ¡vive Dios!, no se aparta
         de mí un punto vuestra alteza,
         cómplice con razón clara
         me creerá de vuestra fuga,
         ¿y cómo borro esta mancha?

(Entra Anacleta.)

Anacleta   Cuanto ésta noche sucede
         parece cosa de magia.
         La ronda con gran silencio
         se marchó.

Comendador   Con ella vayan
         mil Satanases.

Doña Elvira
(Admirada.)   ¿Marchóse?

Anacleta   No hay ya en la calle ni un alma.

Leonarda
(A Anacleta.)   ¿Y aquella gente maldita
         que por el jardín andaba?

Anacleta
(Aparte.)   También marchó, volavérunt.
         Como que yo a la antesala

        contigua los he traído,
        y desde ella ven la zambra.
        y oyen con mucho contento
        cuanto en esta pieza pasa.

Pierres
(Saliendo de debajo de la mesa.)   Señores, muy buenas noches.

Leonarda
(Dando un chillido.)   ¡Ay!

Anacleta
(Santiguándose.)   ¡Jesús!, una fantasma.

Comendador   ¿Y quién es ese demonio?

Rey   Mi bufón. ¡Maldito!

Pierres
               A gatas
he estado bajo el bufete,
devanado en telarañas,
mientras que se iba la ronda,
pues las rondas me dan bascas.

Rey
(Con gran desahogo.)   Supuesto que ya la ronda
sin más insistir se aparta
y retiró los esbirros
con que ese jardín guardaba,
que quien yo soy no sabía
parece una cosa clara;
que me siguió por seguirme,

        que al fin perdió mis pisadas,
        que entrar aquí no me ha visto,
        y así felizmente acaba,
        comendador, vuestro empeño,
        y mi grave apuro cambia.

Comendador   Y qué, ¿señor...?

Rey
(Con risueña soltura.)   Ahora resta
        que a vos y a estas nobles damas
        pida y suplique rendido
        dispensen molestias tantas,
        con que imprudente he turbado
        el reposo de esta casa,
        y tomando su licencia
(Al Comendador.)   y dándoos a vos las gracias
        regreso al punto a la torre
        antes que noten mi falta.
        Vamos, Pierres.

Comendador
(Deteniéndole.)   Vuestra alteza
        pienso que de burlas habla.
        ¿Cómo puede imaginarse
        que yo en su escolta no vaya?

Rey (Sorprendido.) ¿Vos, conmigo...?

Comendador   Ciertamente,
        señor, y la cosa es clara,
        pues que me cabe la honra
        de ser vuestro alcaide y guarda,
(Con entereza.)   que aquí estáis tan prisionero

                        como en la torre.

Rey (Confuso.)   Me pasma
                        vuestro arrojo... Yo he salido
                        de la torre noches varias
                        solo a divertirme un rato...
                        y siempre he vuelto..., que...

Comendador   Nada
                        de lo que ocurrió otras noches
                        quiero saber, pues me basta
                        veros ésta fugitivo,
                        teneros, señor, en casa,
                        de vuestra regia persona
                        reconocer la importancia,
                        y que de ella apoderarme
                        y con fuerza asegurarla,
                        porque a mi rey sirvo en ello
                        y en ello sirvo a mi patria,
                        es mi obligación. Yo mismo
                        preso os llevaré. Leonarda,
                        echa la llave a la puerta
                        pronto, y a mis manos tráela.

(Vase Leonarda.)

Rey (Impaciente.)   Mas..., comendador, ¿qué es esto?

Comendador   Cachaza, señor, cachaza.
                        Sin escándalo del mundo,
                        sin que se trasluzca nada
                        y sin que en Madrid se diga
                        que burláis la vigilancia
                        de los que a su cargo os tienen

>   ni que habéis (pues fuera causa
>   de hablillas) echado mano
>   de una fuga que os infama;
>   con el respeto debido
>   a vuestra persona sacra,
>   mas, ¡vive Dios!, muy seguro
>   a la torre destinada
>   para guardaros, yo mismo
>   os conduciré.

(Entra Leonarda.)

Leonarda
(Entrega una llave
al Comendador.)   Tomadla.

Comendador
(Toma la llave.)   Esperad un breve instante.

(Vase precipitado por la puerta del foro.)

Pierres (Al Rey.)   Dimos, señor, en la trampa.

Doña Elvira (Aparte.)   ¡Cielos!, ¿qué irá a hacer mi tío?

Rey (Aparte.)   ¡Qué gente la castellana!...
Todo me parece un sueño.
¡Leonor!... Mi pecho se abrasa.
Aprovecharé este instante.

(Se acerca a Doña Leonor.)

>   ¡Leonor, Leonor!...

Doña Leonor
(Se levanta
de la silla
muy afligida,
pero con mucha
dignidad.)   ¿Qué me manda
                    vuestra alteza?

Rey   ¿No me dice
                    vuestro labio...?

Doña Leonor   Señor, basta.
                    Ya solo en mi pecho quedan
                    lágrimas y no palabras,

(Sale el Comendador trayendo en la mano una rica faja moruna de seda y oro.)

Comendador   Señor, vuestra alteza es mozo,
                    otro joven lo acompaña;
                    yo soy anciano sin fuerzas
                    más que en la honra y el alma;
                    con vos solitarias calles
                    de oscuridad circundadas
                    voy a atravesar, y es justo
                    que un preso tal, de importancia
                    tan grande, de tanto brío,
                    de tanto poder y fama,
                    en manos de un pobre viejo
                    bien asegurado vaya.

Rey   ¿Seguridad suficiente
                    no puede dar mi palabra?

Comendador   ¡Ah señor!, a vos apelo...

| | Perdonadme, ya empeñarla
| | no podéis, que allá en la torre
| | os la piden y reclaman.

Rey (Aparte.)   ¡Vive Dios!, que me confunde,
                         y que el rostro se me abrasa.

Comendador
(Con respeto.)   Yo, señor, no oso privaros,
                         ¡Dios me libre!, de la espada,
                         que espada de un rey tan solo
                         otro rey ha de tomarla,
                         como no sea con gloria
                         en el campo de batalla;
                         mas permitiréis que os ligue,
(Hinca una rodilla.)   rindiéndome a vuestras plantas,
                         los brazos, y no os asombre,
                         con aquesta rica faja.

Rey (Aparte.)   Este viejo testarudo
                         sin duda alguna me ata.
                         Mejor es tomarlo a burlas
                         y salga por donde salga.

Comendador   Pues de tal origen viene
                         y está a tanto acostumbrada,
                         que aunque os sujete un momento
                         vuestra dignidad no empaña.

(Poniéndose en pie y con dignidad y entereza.)

                         Yo se la gané al Malique
                         en el asalto de Baza,
                         aun de su valiente sangre

                        la ilustran antiguas manchas.
                        Y yo sujeté con ella
                        al rey chico de Granada
                        cuando rindió al gran Fernando
                        los castillos de la Alhambra.

Rey
(Aparte
y entusiasmado.)   ¡Con qué respeto lo escucho!
                        ¡Oh, qué sangre tan hidalga!

Comendador   Ya veis que tal ligadura,
                        que parece que se aguarda
                        por el misterioso Cielo
                        para ocasiones tan altas,
                        no afrenta, no. Con sus nudos
                        no deshonra lo que enlaza.

Rey (Asombrado.)   ¡Comendador!, ¿no hay remedio?

Comendador
(Resuelto
y empuñando
la espada.)   No hay remedio, rey de Francia.

(Entra de repente Hernando de Alarcón, y detrás de él, muy embozados, quedándose en ala a la entrada, el Emperador, el Conde y Tomate.)

Alarcón   Sí lo hay, que en buena ocasión
                        de este empeño a libertaros,
                        y el regio preso a tomaros
                        llega Hernando de Alarcón.

(Todos quedan asombrados, y Pierres, con mucho miedo, se esconde entre unos y otros.)

Comendador
(Aparte.) ¿Y por dónde este hombre ha entrado
si yo tengo aquí la llave?

Rey (Aparte.) Ya es el conflicto más grave.

Pierres Ahora el serón se ha llenado.

Alarcón
(Al Rey,
con entereza.) ¿Y qué es aquesto, señor?
¿Cómo vuestra alteza aquí?
¿Puede comportarse así
persona de tal valor?
¿Tan esclarecido rey
la pleitesía quebranta
y huella con libre planta
del juramento la ley?
A un caballero le guarda
de su palabra el seguro,
no reja, no alzado muro,
no vigilante alabarda.
Vos la palabra me disteis
de aquel juramento, amén
de no fugaros... ¡Muy bien
ambos empeños cumplisteis!

Rey (Mortificado.) Noble alcaide, perdonad;
deponed el justo enojo.
De escucharos me sonrojo,
mas mi descargo escuchad.

	Que aunque hablar yo no debiera
	y a mi majestad ofendo,
	satisfaceros pretendo,
	porque mi pecho os venera,
	y porque hay un caballero
	y unas damas que esto ven.
	y me interesa también
	salvar mi honra lo primero.
(Con dignidad.)	No falté a la pleitesía
	ni a mi palabra falté,
	pues yo tan solo juré
	que jamás me fugaría.
	Y cual bueno lo cumplí,
	aunque tuve la ocasión...
	mas nunca la tentación,
	porque para rey nací.
	Un mes hace, un mes cumplido,
	que todas las noches salgo...
	¿Y habéis advertido algo?...
	Fugarme hubiera podido,
	pues no lo hice, ¡vive Dios!
	Si he dado fiel cumplimiento
	a palabra y juramento,
	juzgadlo, cual noble, vos.
(Enojado.)	He salido a divertir
	mis penas, mas no a fugarme.
	Nadie, pues, puede afrentarme
	ni yo lo he de permitir.

Doña Leonor
(Aparte.)   ¡Y qué bien que se defiende
                   de haberme a mí asesinado!...

Doña Elvira

(Aparte.)	¡Qué galán y bien hablado!
	¿Qué helado pecho no enciende?
Comendador	Señor Alarcón, su alteza
	prueba muy bien su lealtad.
Alarcón	Comendador, es verdad;
	mas con una sutileza...
	Y todo se lo concedo,
	mas que de mí se ha, burlado,
	y mi buena fe engañado
	dejar aparte no puedo.
(Al Rey.)	Me habéis burlado, señor,
	burlado mi buena fe...
	Ahora, ¿qué responderé
	al augusto emperador?
	Satisfacción conveniente
	y satisfacción cabal
	esta ofensa personal
	reclama debidamente.
	Y yo, ¡alto al rey!, os la exijo,
	caballero a caballero,
	esgrimiendo el noble acero
	en lugar y en plazo fijo;
	y pues vuestra dignidad
	tal empeño no permite,
	porque tan solo se admite
	donde hay perfecta igualdad,
(Con calor.)	venga un francés campeón,
	el que más al mundo asombre,
	a lidiar en vuestro nombre
	con Hernando de Alarcón.

(Se descalza un guante y lo tira al centro de la escena. El Emperador se desemboza repentinamente, y se le ve ricamente vestido y con el collar del Toisón de Oro, y recoge el guante con gran rapidez. El Conde y Tomate se desembozan y descubren. Todos quedan en actitud del mayor respeto.)

Emperador
(A Alarcón.)   Baste.
(Al Rey.)   Llegad a mis brazos,
                          generoso rey de Francia,
                          y vuestra noble arrogancia
                          en tan amistosos lazos
                          la paz firme venturosa
                          que entre los dos reina ya.

Rey
(Arrojándose
en los brazos
del Emperador.)   Esta la firma será
                          de fuerza más poderosa.

Emperador   Aun más que amigos, hermanos
                          nos vea la cristiandad
                          guerra hacer a la impiedad
                          y guerra a los mahometanos.

Rey   Y a ambos unidos, señor,
                          nos vea el Asia con espanto
                          ganar el sepulcro santo
                          en que durmió el Salvador.

Alarcón
(Al Emperador,
hincando
una rodilla.)   Invicto César...

Emperador
(Dándole su guante
y alzándole
con gran atención.)   Alzad.
                             Sé lo mucho que valéis.
                             Nada que decir tenéis.
                             Conozco vuestra lealtad.

Comendador
(Hincando una
rodilla delante
del Emperador.)   ¡Oh qué gozo!... Permitid,
                             pues mi humilde choza honráis,
                             y en alcázar la tornáis
                             el más alto de Madrid,
                             que a vuestros pies este anciano
                             hoy su familia os presente
                             y que pida reverente
                             besar vuestra sacra mano.

Emperador   Alzaos, comendador.
                             De Calatrava clavero
                             os nombro, que premiar quiero
                             tanta nobleza y valor.

(El Comendador le besa la mano.)

                             ¿Son éstas vuestras sobrinas?

Comendador
(Presentándole
a Doña Elvira.)   Elvira.

(Doña Elvira se arrodilla y le besa la mano.)

Emperador   Sois muy hermosa.

Comendador
(Presentándole
a Doña Leonor.) Leonor.

Emperador
(Mirando
maliciosamente
al Rey.)   ¿Y por qué llorosa...?
(Al Comendador.) Tenéis dos perlas divinas.
Id y besadle la mano,
porque en ello tendrá gusto,
y porque acatarle es justo
al rey de Francia, mi hermano.

(Llega el Comendador al Rey y le besa la mano.)

Rey   De castellano tan fiel
que no me desaire espero,
y le nombro caballero
de la Orden de San Miguel.

(Llega Doña Elvira.) Esta cadena, señora,

(Se quita una cadena del cuello y se la pone a Doña Elvira, sin permitir que le bese la mano.)

      os recuerde al desgraciado
que en vuestra casa ha logrado
entrar en tan buena hora.

(Llega Doña Leonor muy turbada.)

>Siento en el alma el disgusto
>que sin querer os causé.
>En vuestro rostro se ve
>que aun no calmó vuestro susto.

(Rehusa el que le bese la mano.)

Doña Leonor
(Aparte.) ¡Cruel!

Rey
(Aparte,
a Doña Leonor.) ¡Ah!, me estoy muriendo.
Soy más infeliz que vos.

Doña Leonor
(Aparte, al Rey.) ¡Ay!... No lo permita Dios.

Rey (Alto.) Que me permitáis pretendo
que a vuestra belleza añada
de dote cien mil ducados,
que años mil afortunados
gocéis, con gusto, casada.

Doña Leonor
(Con altivez.) Gracias os doy. Mas no admito,
porque tengo pensamiento
de retirarme a un convento,
donde nada necesito.

Anacleta (Aparte.) ¡Repentina vocación!

Doña Leonor
(Clavando los ojos
en el Rey.)   Este mundo es todo engaños,
                   y quiero burlar sus daños
                   en eterna reclusión.

Rey   Pero el dote es vuestro ya,
                   y de él podéis disponer.
(Aparte.)   ¡Oh, qué celestial mujer!

Doña Leonor
(Aparte.)   Mi alma adorándolo está.

Emperador (Al Rey.) Señor, hermano y amigo,
                   a que hablemos más despacio,
                   y a descansar a palacio
                   venid, os ruego, conmigo.

Rey   César generoso, aún no;
                   que a la torre he de volver
                   por exigirlo un deber
                   con que es fuerza cumpla yo.
                   Que el mundo diga no quiero
                   que fugitivo me ha hallado
                   la paz, habiendo faltado
                   a la fe de caballero.
                   Y para satisfacer
                   al respetable Alarcón,
                   con él solo a la prisión
                   esta noche he de volver.

(Alarga la mano a Alarcón con mucha gracia y amabilidad.)

Emperador   Tal delicadeza admiro.

Con la pompa conveniente
en cuanto empiece en Oriente
el próximo Sol su giro,
y con gran solemnidad
ardiendo mi corte en galas,
iré a buscaros en alas
de nuestra eterna amistad.

Sevilla, 1840

Fin

Libros a la carta
A la carta es un servicio especializado para
empresas,
librerías,
bibliotecas,
editoriales
y centros de enseñanza;
y permite confeccionar libros que, por su formato y concepción, sirven a los propósitos más específicos de estas instituciones.
Las empresas nos encargan ediciones personalizadas para marketing editorial o para regalos institucionales. Y los interesados solicitan, a título personal, ediciones antiguas, o no disponibles en el mercado; y las acompañan con notas y comentarios críticos.
Las ediciones tienen como apoyo un libro de estilo con todo tipo de referencias sobre los criterios de tratamiento tipográfico aplicados a nuestros libros que puede ser consultado en Linkgua-ediciones.com.
Linkgua edita por encargo diferentes versiones de una misma obra con distintos tratamientos ortotipográficos (actualizaciones de carácter divulgativo de un clásico, o versiones estrictamente fieles a la edición original de referencia).
Este servicio de ediciones a la carta le permitirá, si usted se dedica a la enseñanza, tener una forma de hacer pública su interpretación de un texto y, sobre una versión digitalizada «base», usted podrá introducir interpretaciones del texto fuente. Es un tópico que los profesores denuncien en clase los desmanes de una edición, o vayan comentando errores de interpretación de un texto y esta es una solución útil a esa necesidad del mundo académico.
Asimismo publicamos de manera sistemática, en un mismo catálogo, tesis doctorales y actas de congresos académicos, que son distribuidas a través de nuestra Web.
El servicio de «libros a la carta» funciona de dos formas.
1. Tenemos un fondo de libros digitalizados que usted puede personalizar en tiradas de al menos cinco ejemplares. Estas personalizaciones pueden ser de todo tipo: añadir notas de clase para uso de un grupo de estudiantes, introducir logos corporativos para uso con fines de marketing empresarial, etc. etc.

2. Buscamos libros descatalogados de otras editoriales y los reeditamos en tiradas cortas a petición de un cliente.

www.ingramcontent.com/pod-product-compliance
Lightning Source LLC
Chambersburg PA
CBHW051344040426
42453CB00007B/394